ISBN 978-3-649-64204-6

Am Alter vorbei geht auch ein Weg

Mit Illustrationen
von Johanna Ries

COPPENRATH

Inhalt

Dolly Alderton

Gespenster

Am Tag meiner Geburt, dem 3. August 1986, war „The Edge of Heaven" von Wham! auf Platz eins der Charts. Seit ich denken kann, ist es eine jährlich wiederkehrende Tradition, das Lied an diesem Tag sofort nach dem Aufwachen und möglichst laut zu hören. Wenn ich an die Geburtstage meiner Kindheit zurückdenke, habe ich sofort George Michaels trotziges „yeah, yeah, yeah" im Ohr: Ich hopse im Pyjama durch das Bett meiner Eltern, zum Frühstück gibt es Toast mit Zuckerstreuseln. Das Lied erklärt auch meinen zweiten Vornamen: Nina George Dean. Als Teenie fand ich ihn unendlich peinlich. Mit den flachen Brüsten und dem markanten Kinn wirkte ich auch so schon männlich genug, es wäre gar nicht nötig gewesen, mich nach einem alternden Popstar zu benennen. Doch das, was wir in der Kindheit als beschämende Abweichung von der Norm empfinden, trägt im Erwachsenenalter nicht selten zu einem interessanten und bunten Lebenslauf bei. Der ungewöhnliche zweite Vorname, das am Geburtstagsmorgen dick mit Margarine bestrichene

und in Hunderte, Tausende Streusel getunkte Toast-
brot – all das hatte sich zu meinem persönlichen und
einzigartigen Gründungsmythos zusammengefügt.
Eines Tages würde ich ebenso stolz wie verwundert im
Radio darüber reden, und die Leute würden gebannt
zuhören. Beschämendes Außenseitertum + Zeit = fes-
selnde Exzentrik.

An meinem zweiunddreißigsten Geburtstagsmorgen
am 3. August 2018 putzte ich mir die Zähne und
wusch mir das Gesicht, während „The Edge of Heaven" aus den Boxen im Wohnzimmer dröhnte. Ich
würde den Tag allein verbringen und tun und essen,
worauf ich Lust hatte. Zum Frühstück gab es ein
pochiertes Ei auf Toast. Im Alter von zweiunddreißig
Jahren kann ich selbstbewusst verkünden, dass ich drei
Sachen perfekt beherrsche: zu jedem Termin und zu
jeder Verabredung pünktlich und mit einem Puffer von
fünf Minuten zu erscheinen; in Gesellschaft mein
Gegenüber mit Fragen zu füttern, damit die Person das
Reden übernimmt *(Bist du eher introvertiert oder ext-
rovertiert? Lässt du dich von deinem Kopf oder eher
vom Herzen leiten? Hast du schon mal was in Brand
gesteckt?)*; und das perfekte Ei zu pochieren.

Ich griff zum Handy. Meine Eltern hatten mir ein
lachendes Selfie geschickt und wünschten mir alles

Gute zum Geburtstag. Meine beste Freundin Katherine hatte ihre kleine Tochter Olive gefilmt, wie sie „Happy Birthday, Tante Niino" sang (sie konnte meinen Namen immer noch nicht richtig aussprechen, obwohl ich es oft mit ihr geübt hatte.) Von meiner Freundin Meera bekam ich das GIF einer langhaarigen, sehr teuer aussehenden Katze mit Martini in der Pfote. Die Nachricht darunter lautete: „KANN DEINE PARTY HEUTE ABEND GAR NICHT ERWARTEN, GEBURTS-TAGSKIND!!!!!", was bedeutete, dass sie auf jeden Fall vor elf im Bett liegen würde. So läuft das immer, wenn junge Mütter sich zu sehr auf einen freien Abend freuen – sie verausgaben sich durch hohe Erwartungen, ziehen mit einem zum Scheitern verurteilten Amüsier-willen los, bekommen Lampenfieber und gehen am Ende nach zwei Bier heim.

Ich lief nach Hampstead Heath, um ein bisschen im Ladies' Pond zu schwimmen. Nach der dritten Runde setzte ein unaufdringlich leichter Sommerregen ein. Ich liebe es, bei Regen zu schwimmen, und ich wäre noch viel länger im Wasser geblieben, hätte die matro-nenhafte Bademeisterin mich nicht aufgefordert, den Teich „aus Sicherheitsgründen" und zum „Schutz mei-ner Gesundheit" zu verlassen. Ich sagte ihr, ich hätte Geburtstag, als könnte mir die Information eine inoffizielle Bonusrunde verschaffen. Aber sie wies mich darauf hin, dass ich im Wasser vom Blitz erschlagen und „wie eine Scheibe Speck" gebraten würde, und sie habe keine Lust, hinterher die Sauerei wegzumachen, „ob Sie heute Geburtstag haben oder nicht".

Nachmittags war ich wieder zu Hause in meiner neuen – und ersten eigenen – Wohnung, einem kleinen Zweizimmerappartement im ersten Stock einer viktorianischen Villa in Archway. Die Maklerin hatte die Immobilie generös als „gemütlich, individualistisch und renovierungsbedürftig" beschrieben. Der Teppich hatte die Farbe von Instantkaffeekörnchen und fühlte sich auch genauso an, im apricot gekachelten Bad gab es ein stillgelegtes Bidet, und in der Kiefernholzküche waren zwei Schranktüren kaputt. Ich war überzeugt, dass ich für die Modernisierung bis an mein Lebensende würde arbeiten müssen, aber wenn ich morgens die Augen aufschlug und die verkrusteten Putzwirbel unter der Decke sah, war ich jedes Mal überglücklich. Ich hätte nie gedacht, dass ich einmal eine Immobilie in London besitzen würde, und dass der Wunschtraum sich erfüllt hatte, machte sie zur schönsten Wohnung aller Zeiten.

Ich hatte zwei Nachbarn. Über mir wohnte eine ältere Witwe namens Alma, deren Treppenhausgeplauder über erfolgreiche Tomatenzucht auf dem Fensterbrett ebenso reizend war wie ihre großzügigen Spenden von selbstgemachten Kibbeh. Im Erdgeschoss lebte ein Mann, dem ich noch nie begegnet war, obwohl ich nun seit Monaten hier wohnte und mehr als einmal versucht hatte, mich vorzustellen. Ich ging runter und klopfte an, aber nichts passierte. Alma sagte, auch sie habe noch nie mit ihm gesprochen, allerdings habe sie sich einmal mit seiner Mitbewohnerin über die Stromzähler im Haus unterhalten. Ich hörte ihn immer nur – er kam abends um sechs von der Arbeit und war mehr oder weniger leise, bis er dann gegen Mitternacht etwas kochte und dabei fernsah.

Für die Anzahlung hatte ich mein Erspartes zusammengekratzt, außerdem bekam ich Tantiemen für mein erstes Kochbuch *Taste* und hatte für das zweite, *The Tiny Kitchen*, einen Vorschuss erhalten. Taste war eine Sammlung von Rezepten, zu denen mich die Essensgewohnheiten meiner Familie, meine Freundschaften, meine einzige Langzeitbeziehung, meine Reisen und meine Lieblingsköche inspiriert hatten. Zwischen den Rezepten erzählte ich abschnittweise meine Lebensgeschichte. Die Grundaussage war, dass ich mich über meine kulinarischen Vorlieben selbst kennengelernt hatte. Erst auf diesem Umweg hatte ich erfahren, was ich im Leben wollte und brauchte. In Taste schilderte ich, wie ich mein Hobby – private Koch-Events an Abenden und Wochenenden – und meinen Job als Englischlehrerin unter einen Hut gebracht und dann eines Tages genug gespart hatte, um ich mich als Food-Journalistin selbstständig zu machen. Es ging darin auch um die Beziehung mit Joe, meinem ersten und einzigen Freund, und um unsere einvernehmliche Trennung. Er hatte nichts dagegen gehabt, dass ich über ihn schreibe. Das Buch wurde ein Überraschungserfolg und handelte mir eine eigene Kolumne in einer Zeitungsbeilage ein, dazu noch ein paar Werbedeals mit Lebensmittelherstellern (schlecht fürs Seelenheil, aber sehr gut für mein Bankkonto) und einen zweiten Buchvertrag.

The Tiny Kitchen war gerade fertig geworden. Das Buch handelte von der Zeit, als ich nach der Trennung von Joe in ein Einzimmerappartement ohne Vorratskammer gezogen war, und davon, wie es sich dort gekocht hatte. Der Herd war so klein wie ein Spielzeug gewesen und hatte nur eine einzige Kochplatte gehabt. In Gedanken war ich schon bei meinem dritten Buch, für das ich noch einen Titel suchte. Es würde vom Kochen und Essen nach Jahreszeiten handeln und befand sich noch in der Entwicklungsphase. Meine jahrelange Erfahrung als Autorin hatte mich gelehrt, dass ein Text dann am besten war, wenn er noch nicht mehr war als eine Idee und deshalb perfekt.

Ich ließ mir eine Wanne ein und schmiss eine alte, heißgeliebte iTunes-Playlist an, die ich in meinen Zwanzigern oft gehört hatte. Ursprünglich hatte sie „Auf in den Kampf" geheißen, aber vor ein paar Jahren hatte ich sie in „Gute alte Zeit" umbenannt, um meine Entwicklung weg von körperlicher Enthemmung hin zum achtsamen und wohlüberlegten Vergnügen zu dokumentieren. Ich hatte sie in meinem ersten Jahr an der Uni zusammengestellt und regelmäßig gehört, wenn ich mich abends fertig machte. Die Lieder begleiteten eins nach dem anderen mein Ritual der Verweiblichung, wie ich es seit fünfzehn Jahren befolgte: Haare waschen und kopfüber trocken föhnen, um einen Volumenzugewinn von mindestens zehn Prozent zu erzielen; Oberlippe enthaaren; zwei Schichten Mascara auftragen; einen zweiten Drink zu sich nehmen; zwei Spritzer Parfum in die Luft geben und durch die Wolke schreiten. Wenn das vorletzte Stück lief („Nuthin' but a ‚G' Thang"), stand das Taxi schon vor der Tür, während ich mir über der Küchenspüle die Waden mit einer Einwegklinge zerschnitt, weil ich vergessen hatte, sie unter der Dusche zu rasieren.

Inzwischen waren meine Haare wieder naturbraun und schulterlang. Vor einiger Zeit hatte ich mir einen Pony schneiden lassen, um die ersten Fältchen an meiner Stirn zu verdecken. Sie waren hauchzart wie bei zerknitterten Taschentüchern, aber in meinen Augen sichtbar genug, um versteckt zu werden. Mit dem Make-up musste ich mich glücklicherweise nicht lange aufhalten; im Grunde hatte es nie zu meinem Gesicht gepasst. Ich war glücklich darüber, schließlich kostete mich das Föhnen und Rasieren schon genug Zeit und verursachte mir darüber hinaus Schuldgefühle, weil ich es irgendwie unemanzipiert fand, genau wie mein totales Desinteresse an Handwerksarbeiten und Sport. Wenn ich mich besonders verzweifelt fühlte, rechnete ich mir manchmal aus, wie viele Minuten meiner verbleibenden Lebenszeit ich, sollte ich fünfundachtzig werden, damit verbringen würde, die Härchen von meiner Oberlippe zu zupfen, und anschließend stellte ich mir vor, wie viele Fremdsprachen ich in derselben Zeit hätte lernen können.

Zu meiner Geburtstagsparty trug ich ein hochgeschlossenes schwarzes Kleid mit tiefem Rückenausschnitt. Ich verzichtete auf den BH, allein um damit anzugeben, dass ich keinen brauchte, was aber nur ein schwacher Trost dafür war, so kleine Brüste zu haben. Inzwischen machte mir das allerdings nichts mehr aus, meinem Körper gegenüber war ich mehr oder weniger gleichgültig geworden. Ich benötigte eine ärgerliche Kleidergröße L bei einer Größe von einem Meter dreiundsechzig. Ich war froh, dass dicke Hintern wieder in Mode waren, und hatte nicht ohne Stolz ermittelt, dass sie auf den gängigen Pornoseiten mindestens zwei eigene Unterkategorien besetzt hielten.

In diesem Jahr hatte ich gewisse Leute absichtlich nicht eingeladen, vor allem meinen Exfreund Joe nicht. Ich hätte mir gewünscht, dass er dabei wäre, aber in dem Fall hätte ich auch seine Freundin Lucy einladen müssen. Lucy war harmlos, sah man von der Tatsache ab, dass sie eine Handtasche in der Form eines Stiletto besaß. Aber sie litt unter dem dauerhaften Eindruck, zwischen uns müsste etwas geklärt werden. Wenn sie ihre drei Gläser Spezialrosé intus hatte („Ist der auch *blush*?, fragte sie den genervten Barmann und war damit an diesem Abend die hundertvierunddreißigste Frau mit derselben Frage), war es Zeit für eine Aussprache. Sie wollte wissen, ob ich ein Problem mit ihr hätte oder ob unser Verhältnis angespannt sei. Sie erzählte mir, wie wichtig ich für Joe sei und wie viel ich ihm bedeutete. Sie umarmte mich immer wieder und betonte mehrmals, sie hoffe doch sehr, wir könnten Freundinnen sein. Sie war seit über einem Jahr mit Joe zusammen, und ich hatte sie schon mindestens fünfmal gesehen, dennoch schien sie es für nötig zu halten, mich bei Gruppentreffen in eine stille Ecke zu ziehen und Dinge zu klären. Ich hatte mich oft gefragt, warum sie das tat, und ich war zu dem nachsichtigen Schluss gekommen, dass sie wahrscheinlich zu viele geskriptete Reality-Shows gesehen hatte. In ihren Augen war eine Party erst dann eine Party, wenn sich zwei Frauen in Schößchenkleidern gegenüberstanden, einander die Hände reichten und Sätze sagten wie: „Seit du mit Ryan geschlafen hast, kann ich nicht mehr mit dir befreundet sein, aber ich werde dich immer lieben wie eine Schwester."

Ich hatte ungefähr zwanzig Gäste in den Pub eingeladen, hauptsächlich Freunde von der Uni oder noch aus Schulzeiten. Ein paar ehemalige Kollegen waren auch dabei, und Leute, mit denen ich gerade beruflich zu tun hatte. Außerdem noch einige Menschen, die ich genau zwei Mal im Jahr sah, auf ihrer Geburtstagsparty und auf meiner, und mit denen es eine unausgesprochene Vereinbarung auf Gegenseitigkeit gab: Wir wollten die Freundschaft nicht ganz aufgeben, hatten aber absolut keine Lust, über die zwei jährlichen Treffen hinaus Zeit zu investieren. Das Arrangement fand ich ebenso traurig wie tröstlich.

Der Form halber waren Lebenspartner und Ehegatten mit eingeladen, die meisten davon bemühte, aber wenig charismatische Männer. Die Hoffnung auf interessante Gespräche mit ihnen hatte ich längst aufgegeben. Ich wusste, sie würden in einer Ecke sitzen, Bier trinken und jedes Mal „Herzlichen Glückwunsch!" rufen, wenn sie mir auf dem Weg zum Klo begegneten, und irgendwann würden sie müde und weinerlich werden und ihre Freundin oder Frau zum Gehen überreden. Ich war fasziniert von den Männern, die meine Freundinnen sich ausgesucht hatten, vor allem von der Art und Weise, wie sie untereinander kommunizierten. Als ich noch mit Joe zusammen war und wir uns in der Gruppe trafen, taten sich die Freundinnen und Frauen in kriegerischer Euphorie zusammen. Wir erzählten, hörten zu und lernten einander kennen, und jedes Mal wenn wir uns bei den Verabredungen unserer Männer begegneten, kamen wir uns ein bisschen näher. Im Laufe der Jahre habe ich beobachtet, dass die zu einer Party mitgeschleppten Männer sich genau gegenteilig verhalten. Ich habe immer wieder erlebt, dass die meisten Männer ein Gespräch nur dann für gut halten, wenn sie mit Fakten oder einem Spezialwissen glänzen können, das den anderen fehlt, oder wenn sie interessante Anekdoten erzählen oder jemandem Tipps und gute Ratschläge zu einem anstehenden Vorhaben geben können. Ganz generell würde ich behaupten, dass sie in einer Unterhaltung ihre Duftmarken setzen wollen, wie ein Hund gegen einen Baum pinkelt. Wenn sie an einem Abend mehr Neues erfahren als verbreitet haben, geht es ihnen schlecht, gerade so, als wäre die Party ein Fehlschlag oder sie selbst wären nicht in Form gewesen.

Am liebsten sind ihnen Momente banaler Übereinstimmung. Ich habe das bei ausnahmslos jeder Geburtstagsfeier meiner Freundinnen beobachtet. Die Männer suchen nach ähnlichen Gedanken und Erfahrungen, um sich einem Mit-Mann verbunden zu fühlen, ganz ohne ihn mühsam kennenlernen oder verstehen zu müssen. *Oh, mein Bruder hat auch in Leeds studiert. Wo hast du gewohnt? MEINST DU DAS ERNST, o Gott, okay, also du kennst doch die Silverdale Road beim Studentenwohnheim? Also, links davon. Da war das. Die Freundin von einem meiner Kommilitonen hatte da eine Wohnung. Die Welt ist ja so klein! Warst du schon mal im Pub an der Ecke? Im King's Arms? Nein? Oh, du solltest mal hingehen, der ist echt super, ein toller Pub.*

Ich konnte mich nur für einen einzigen der mitgebrachten Partner begeistern, Gethin, der seit Jahren mit meinem Studienfreund Dan zusammen war. Die beiden standen mir sehr nah, mit ihnen hatte ich die wildesten Partys und die phantastischen Urlaube erlebt, auch wenn sie mich in der letzten Zeit ehrlich gesagt enttäuschten. Ich hatte immer geglaubt, auf Dan und Gethin sei in Sachen Traditionsbruch Verlass, aber langsam erschien mir ihr Lebenswandel beispiellos bieder. Sie hatten ihre Beziehung „geschlossen", was ich ernüchternd fand. Ihre sexuellen Eskapaden hatten den Stoff für urkomische Anekdoten geliefert, außerdem waren sie das einzige mir bekannte Beispiel für eine geglückte offene Beziehung. Doch irgendwann hatten sie einen unglaublich komplizierten Konsumplan entwickelt, der vorsah, dass sie nur an jedem zweiten Wochenende Alkohol trinken durften und unter der Woche gar keinen. Sie gingen immer seltener aus, weil sie ständig auf diese oder jene Anschaffung sparten. Vor Kurzem hatten sie den Adoptionsprozess begonnen und eine Dreizimmerwohnung in Bromley gekauft.

Dan und Gethin kamen, tranken jeweils zwei Gläser Limonade, erzählten von dem Albtraum, den sie gerade durchmachten – der Baum eines Nachbarn wucherte bis auf ihr Grundstück –, und verabschiedeten sich vor acht, um „gen Bromley" aufzubrechen. Aus ihrem Mund klang es wie eine Reise nach Mordor.

Die Gäste hatten äußerst passende Geschenke mitgebracht, was mir bewies, dass sich meine Persönlichkeit auf eine gelungene und unmissverständliche Weise in meinem Lebenswandel und meinen geschmacklichen Vorlieben spiegelte. Ich bekam eine frühe Ausgabe der *Whitsun Weddings* von Philip Larkin, eine scharfe Spezialsauce, die ich sehr mag und die es nur in Amerika gibt, und einen Chinesischen Geldbaum, der sich als Einzugsgeschenk ebenso eignete wie als Glücksbringer für mein neues Buch. Das einzige unpassende Geschenk stammte von meiner ehemaligen Schulleiterin, die eingerahmte Illustrationen einer Hausfrau aus den 1950er Jahren beim Geschirrspülen. Die Bildunterschrift lautete: *Wenn Gott gewollt hätte, dass ich den Abwasch mache, hätte er Diamanten in der Spüle versteckt!* Nicht zum ersten Mal hatte ich ein Geschenk dieser Art bekommen; ich schob es auf mein verlängertes Singledasein plus meine Vorliebe für Wodka-Martinis. Anscheinend glaubten die Leute, ich hätte Verwendung für kitschige, spöttische Vintage-Slogans über Frauen, die trinken und verzweifelt oder kinderlos oder süchtig nach Schokolade oder Shopping sind. Ich bedankte mich.

Wladimir Kaminer

Der Tag danach

Jeder Erziehungsberechtigte weiß, wie wichtig es für Kinder ist, dass sie nicht nur mit ihren Altersgenossen, sondern auch mit älteren Menschen Kontakt haben. Mit ihren Eltern und Großeltern zum Beispiel. Auf diese Weise werden sie auf die Erwachsenenwelt vorbereitet, damit sie wissen, dass es auch ein Leben nach der Kindheit gibt – kein einfaches Leben, aber eins, das durchaus auch Spaß machen kann. Deswegen luden wir zum diesjährigen Kindergeburtstag viele Eltern ein. Damit sie nicht verstockt herumstanden, sondern hemmungslos zur Kindermusik tanzten, hatten wir viel Alkohol eingekauft und gutes Essen vorbereitet.
Es wurde ein lustiger Abend, der sich dann in eine wilde Nacht und schließlich in einen nachdenklichen Morgen verwandelte, den ich damit zubrachte, zu versuchen, die Ereignisse des Kindergeburtstages zu rekonstruieren. Trotz aller Anstrengungen blieben viele Fragen offen. So konnte man zum Beispiel das Fenster im Gästezimmer bis dahin immer wahlweise horizontal oder vertikal öffnen. Jetzt ging nur noch beides auf einmal,

egal, wie man es anstellte. Nicht weniger geheimnisvoll waren die Spuren von Katzenfutter, die sich durch die ganze Wohnung zogen. Vermutlich war ein Elternteil in den Teller mit Katzenfutter getreten und hatte später versucht, seine Schuhe sauber zu bekommen, indem er oder sie das Zeug an der Tapete des Gästezimmers abstreifte. Von dort aus zogen sich die Spuren bis zum Balkon, wo sie zunächst endeten, sich dann aber im Korridor fortsetzten. War etwa der Ins-Katzenfutter-Treter vom Balkon gesprungen und durch die Wohnungstür wieder hereingekommen?

Die Kartoffelklöße in der Schreibtischschublade hatte ich vermutlich selbst dort hineingelegt, weil die Katzen mit ihnen spielen wollten. An die Lebensmittel unter meinem Schreibtisch konnte ich mich jedoch nicht erinnern. Ziemlich eklig sah auch die Kinderdisko-CD aus: Sie war vollständig mit Wachs übergossen, so als hätte sie jemand mit einer veralteten Technologie raubkopieren wollen. Mit etwas Mühe ließ sich auch dieses Phänomen erklären. Der umgekippte Kerzenständer auf dem CD-Player war schuld: Das Wachs war durch das Gerät getropft und hatte sich gleichmäßig auf der Scheibe verteilt.

Was sich aber überhaupt nicht erklären ließ, war die Kiste Becks-Bier auf dem Balkon. Ich war mir absolut sicher, sie niemals gekauft zu haben. Ich hatte zwei Kisten tschechisches Bier für die Party besorgt, die plötzlich verschwunden waren. Die einzige plausible Erklärung dafür war, dass die Becks-Kiste vom Balkon über uns heruntergefallen war, weil unsere Nachbarn ebenfalls einen Kindergeburtstag gefeiert hatten. Nach dieser Theorie müssten aber unsere beiden Kisten von unten nach oben gesprungen sein, was den Gesetzen der Schwerkraft deutlich widerspricht. Dafür sprach jedoch, dass sie oben Bier tranken, obwohl ihre Becks-Kiste bei uns stand.

Die große Tüte in der Badewanne, die mich anfangs irritiert hatte, erwies sich als unsere Tischdecke, in die jede Menge Geschirr und Speisereste eingewickelt waren. Ein Hinweis darauf, dass ich bereits in der Nacht mit der Reinigung der Wohnung hatte beginnen wollen. Die Blutspritzer an der Fensterscheibe brachten mich ebenfalls ins Grübeln. Sie konnten unmöglich von einem Menschen stammen.

Ich tippte auf einen unglücklichen Vogel, der gegen das Fenster geflogen war, und das sogar zweimal, weil auf beiden Seiten des Glases Spuren zu sehen waren. Vielleicht wollte der Vogel zuerst unbedingt rein, dann aber schnell wieder raus. Und das hat beide Male nicht geklappt.

Hoffentlich haben alle Eltern die Party gut überstanden und den Weg nach Hause gefunden. Was ich allerdings gar nicht verstehe, ist: Wo haben die Kinder die ganze Zeit gesteckt, und wo sind sie jetzt? Ich habe sie weder kommen noch gehen sehen, dabei halte ich es, wie gesagt, für sehr wichtig, dass Kinder mit älteren Menschen Kontakt haben. Mit ihren Eltern und Großeltern zum Beispiel. Nur so erfahren sie nämlich, dass auch ein Leben nach der Kindheit durchaus Spaß machen kann, wenn man es nicht übertreibt. Hat es euch gefallen, Kinder? Gut! Dann zünden wir jetzt die Reste der Bude an und gehen frühstücken – irgendwo.

Carolin M. Hafen

Werd' endlich erwachsen!

„Werd' endlich erwachsen!", blafft sie mich an. Einen Moment bin ich irritiert. Für eine schlagfertige Antwort dauert das zu lang. Ich überlege den Bruchteil einer Sekunde lang, ob ich der blöden Kuh meinen Kakao über die Rübe kippen soll. Ich habe noch Zeit zu denken, dass ein Sahnehäubchen auf ihrem weißen Haar bestimmt hübsch aussähe. Schade, dass ich keine Sahne bestellt habe. Dann habe ich mich wieder. Gedanken, Zorn, Trotz. Ich kippe ihr nichts über den Kopf.

„So erwachsen wie du bist, will ich nie werden", blaffe ich zurück.

Die Verwandtschaft und diverse Freunde sind zusammengekommen, um irgendjemanden dazu zu beglückwünschen, dass er ein alter Furz geworden ist. Und ich mitten drin. Die Torten sind diabetestauglich und kunststoffsüß, die Rollatoren stehen in einer Reihe im Flur des Gasthauses. Übergewichtige, vollbusige Frauen bringen Rentnerportionen und kneifen kleine

Kinder auf dem Weg zurück in die Küche in die rot-glühenden Wangen. Es ist laut, es ist warm, es ist langweilig.

Mir gegenüber sitzt Tante Christa, die ich noch nie leiden konnte. Sie ist einen Kopf kleiner als ich, dürr wie ein zehnjähriges Mädchen, aber so giftig wie eine Viper. Christa bestellt eine Mokkasahnetorte und eine Tasse Kaffee. Nicht für sich. Für mich. Ich soll das essen und trinken, und sie will mir dabei zuschauen. Ich rufe die Bedienung zurück, ordere Kakao und Sahne. Nein danke, keinen Kuchen.

Christa ist empört. Darüber, dass ich ihr diesen kleinen Gefallen nicht tun will, darüber, dass ich in meinem Alter immer noch keinen Kaffee trinke, und es ist nahezu ein Sakrileg, die gute Mokkasahnetorte von Tante Monika gänzlich abzulehnen. In Tante Christas Universum gibt es keine Mokkakostverächter. Die Ironie, dass sie zwar Mokka mag, aber nicht isst, entgeht ihr völlig.

„Werd' endlich erwachsen", blafft sie mich daraufhin an. Wenn Christa sich was gönnt, dann isst sie einen halben Apfel. An einem Tag wie heute gibt es für sie ein Glas Wasser, ohne Kohlensäure natürlich, und Pilgergeschichten für alle. Verzicht und Strapazen, das ist ihre Vorstellung von einem guten Leben. Kakao passt da nicht rein. Nicht mal zusehen kann sie.

„Nehmen wir kurz an, es gibt Gott. Und er hat die Schokolade erfunden. Dann ist es doch meine Pflicht als guter Christ, seine Schöpfung zu ehren. Man stelle sich mal vor, am Ende, ganz am Ende, da treffe ich auf einen hutzligen Mann in Jogginghose, der auf einem galaktischen Sofa flätzt, sich das Universum-TV rein-zieht, sich am Sack kratzt und mich dann fragt: „Wieso hast du ignorante Sau die Schokolade, die ich dir zur Verfügung gestellt habe, verschmäht? Hm? Was soll ich dann sagen?"

Christa ist entsetzt. Über drei Tische hinweg mault sie meine Mutter an. Sie fängt mit „Deine Tochter" an, referiert über das Erwachsensein ganz allgemein, dann kommt noch was mit „dieses gottlose Kind" und endet mit „schlecht erzogen". Das ist meiner Mutter alles nicht neu. Deswegen regt sie sich schon lange nicht mehr auf.

Der Kakao kommt. Obwohl er zu heiß ist, trinke ich einen großen Schluck und wische meinen Kakaobart nicht weg. Christa berührt hektisch ihre Oberlippe. Wischt und zeigt und greift mit der Linken nach ihrer Serviette. Ich bin eindeutig zu alt, um mir das Gesicht mit Spucke und einer Serviette reinigen zu lassen. Das weiß sie auch.

Ich mache: „Mhmmm", Christa nicht.

Manch ein Onkel fummelt an seinem Hörgerät, meine Mutter tötet mich mit Blicken. Ich empfange die Botschaft „Hör damit auf, die Frau hat eh nicht mehr lang." Vermutlich stirbt Tante Christa mal am Hunger, statt an Krebs oder Herzversagen, wie normale Leute. Irgendjemand sagt: „Die jungen Leute von heute", und Tante Christa und ich verdrehen die Augen. Das einzige Mal, dass wir uns einig sind.

Ich atme, laut und hörbar und seufzend, was Tante Christa noch mehr aufregt: „Was hast du denn jetzt zu schnaufen?" Danach referiert sie etwa zehn Minuten lang darüber, dass jemand wie ich, der die Entbehrungen des Krieges nicht erlebt hat, auch nichts zu schnaufen hat. Wo kämen wir denn da hin, wenn jeder das Leben an sich schwernähme? Sie ist 1956 geboren, aber ich sage nichts, nippe nur ein weiteres Mal an meinem schokoladigen Heißgetränk. Mit kindlicher

Freude schiebt mir Onkel Karl das Zuckerdöschen über den Tisch. Ich lasse einen Würfelzucker in Form eines Herzchens in meiner Tasse verschwinden.

„Erwachsensein wird total überwertet", sagt er. Onkel Karl sagt immer nur einen Satz pro Tag, mehr gestattet ihm Christa nicht. Ich lächle ihn an und freue mich, dass dieser eine Satz mir gegolten hat. Das kommt nur alle paar Jahre vor. Er zwinkert. Christa schnauft.

„Hast du's schwer, Tante Christa?", frage ich. Ich bekomme keine Antwort, weil meine siebzehn rosafarbenen Cousinen „Alle Vögel sind schon da" als Geburtstagsständchen auf der Flöte anstimmen. Gott, bin ich froh, dass ich für den Scheiß zu alt bin.

Jonathan Swift

Entschließungen
für mein Alter

Keine junge Frau heiraten.

Keine jungen Gefährten an mich fesseln, wenn sie es nicht wirklich wünschen.

Nicht launisch, mürrisch oder misstrauisch werden.

Nicht die jeweilige Lebensweise, Denkart oder Mode geringschätzen.

Nicht zu kinderfreundlich werden oder mir die Kinder zu nahekommen lassen.

Nicht immer die gleiche Geschichte den gleichen Leuten erzählen.

Nicht habgierig werden.

Schicklichkeit und Sauberkeit nicht vernachlässigen, aus Furcht, abstoßend zu werden.

Mit jungen Menschen nicht überstreng sein, sondern für ihre jugendlichen Torheiten und Schwächen Verständnis zeigen.

Nicht freigebig mit gutem Rat sein noch jemand damit belästigen; es sei denn, man bittet darum.

Einige gute Freunde bitten, mich ins Bild zu setzen,

welche von diesen Vorsätzen ich breche oder vernachlässige, und mir zu sagen, wie ich dagegen verstoße; und mich demgemäß bessern.

Nicht viel reden, erst recht nicht von mir selbst.

Nicht mit meinem früheren guten Aussehen, meiner Kraft oder meinen Erfolgen bei Damen usw. prahlen.

Nicht auf Schmeicheleien hören noch mir einbilden, ich könne von einer jungen Frau geliebt werden;

et eos qui haereditatem captant, odisse ac vitare.

Nicht rechthaberisch und starköpfig sein.

Nicht aufhören, allen diesen Regeln nachzuleben, aus der Befürchtung, es könnte mir unmöglich werden, sie zu befolgen.

Maxim Leo

Im Strudel
der Jahrzehnte

Wenn ich Zeit habe, dann bin ich in meinem Garten in Brandenburg. Letztes Wochenende habe ich mehrere stattliche Holunderbüsche mit der Kettensäge in die Schranken gewiesen, ich habe geharkt und riesige Haufen toter Pflanzen mit der Schubkarre zum Misthaufen gefahren. Das Schöne an der Gartenarbeit ist ja, dass man sofort sieht, was man geschafft hat. Das Blöde ist, dass man ebenfalls sofort sieht, was man noch nicht geschafft hat.

Sobald das blaue Band des Frühlings auch nur zaghaft durch die Lüfte flattert, verspüre ich diesen verdammten Druck. Die Schreie der zurückkehrenden Kraniche, der Geruch der aufgetauten Erde, die Wärme der ersten Sonnenstrahlen machen mich nervös. Es geht wieder los! Es gilt jetzt, keine Zeit zu verlieren, wenn man im Wettlauf mit der erwachenden Natur nicht von Anfang an hinten liegen will.

Am brutalsten aber ist der Druck, der auf uns Wochenend-Gärtnern lastet. In einer normalen Kalenderwoche haben wir zwei Tage, an denen wir etwas tun können. Die Natur hat sieben Tage. Und sieben Nächte. Das ist so, als würde ein einbeiniger, alter Mistkäfer mit schlimmer Stoppelflechte und Migräne eine Gazelle jagen. Ich hasse dieses Mistkäfer-Gefühl.

An einem Abend im Februar saßen meine Frau und ich mit unserem großen Gartenkalender auf dem Stadtsofa und planten die kommenden sechs Wochenenden. Das ist eine strategisch äußerst wichtige Zeit, weil die Natur in Brandenburg traditionell eher langsam erwacht, um dann mit einem Mal zu explodieren. Meinen Berechnungen zufolge liegt der D-Day dieses Jahr so um den 27. April herum. Meine Frau schrieb einen Einsatzplan, der uns einen schönen Vorsprung sichern könnte, bevor die Knospen platzen. „Und was ist, wenn einer von uns krank wird?", fragte ich. Meine Frau wurde blass.

Normalerweise ist es ja so, dass man sich einen Garten zulegt, um Entspannung zu finden.

„Die Zeit im Garten ist immer Qualitätszeit" las ich neulich. Für seine Gesundheit kann man nichts Besseres tun. Bereits nach acht Minuten im Garten sinkt der Blutdruck um mindestens zehn Prozent, hat Dr. Fritz Neuhauser, der Chef des Geriatrie-Zentrums Wienerwald, herausgefunden, der als ein Experte für Garten-Therapie gilt. Der Puls wird ruhiger, die Herzfrequenz gleichmäßiger, Muskelverspannungen lösen sich wie von selbst. Burn-out-Kranken empfiehlt Dr. Neuhauser Rasenmähen. Das frisch geschnittene Gras setzt offenbar ätherische Substanzen frei, die unsere Seele leicht und fluffig wie ein Windbeutel werden lassen.

Ich schätze mal, dieser österreichische Gras-Guru hat seine kleinen, schmutzigen Experimente im hübschen Rosengarten der Wienerwald-Klinik gemacht. Klar, da würde ich auch locker werden, nichts entspannt mich mehr als die Gärten fremder Leute. Aber was mit dem Puls im eigenen Garten passiert, das wurde natürlich nicht untersucht. Dr. Fritz Neuhauser wäre beeindruckt, wenn er das panische Herzrasen messen könnte, das mich befällt, wenn ich das Klebekraut-Feld sehe, das sich in den vergangenen Tagen zwischen unseren Apfelbäumen ausgebreitet hat.

Es ist ja auch nicht so, dass man irgendwann fertig werden würde. Das ewig Unfertige ist schließlich das Grundprinzip des Gartens. Nach dem Frühjahrsputz kommt der Sommerkampf, kommt die Herbstschlacht, kommt die Winterruhe. Hier wird, finde ich, wieder einmal deutlich, wie widersprüchlich und seltsam der Mensch sein kann: Als ich noch keinen Garten besaß, habe ich mich über den Frühling gefreut, weil da das Leben wieder begann. Ich wollte noch viel mehr Zeit in der Natur verbringen, wollte die frische Luft atmen, meinen Körper im Schoße der alten Mutter Erde ruhen lassen. Deshalb kaufte ich den Garten. Mittlerweile ist die schönste Zeit für mich der Winter, weil da das Leben ein paar Monate lang innehält. Bevor die Gazelle wieder losläuft.

Aber noch auf eine andere Art verzerrt das Landleben die Zeit. Es ist nämlich so, dass ich große Schwierigkeiten damit habe, alte Kleidungsstücke wegzuwerfen. Letztens hat meine Tochter mich darauf hingewiesen, dass der Kragen meines Hemdes seltsam aussieht. Ich habe das Hemd im Spiegel betrachtet und dabei festgestellt, dass es sich um mein schönes, weißes Hochzeitshemd handelt. Das heißt, bei der Hochzeit, im Juli 1998, war es noch weiß. Mit den Jahren ist es ein wenig grau geworden, wie mir bei der Gelegenheit auffiel. Aber es ist immer noch ein gutes Hemd. Ein gutes graues Hemd. Mit einem ziemlich abgewetzten Kragen, wie ich dann sah. Na gut, dachte ich. Muss man mal sehen, wie lange ich das noch anziehen kann. Wahrscheinlich nicht mehr ganz so lange, dachte ich. Dann hab ich es erst mal in den Schrank gehängt. Das mache ich meistens so, wenn ich mir nicht sicher bin, ob ich ein Kleidungsstück behalten oder wegwerfen soll. Wobei ich zugeben muss, dass ich diese Frage nur sehr selten abschließend geklärt habe. Der Schrank ist über die Zeit zu einem Mahnmal meiner Unentschlossenheit geworden.

Aber irgendwann war der Schrank voll, und da traf es sich gut, dass es in unserem Wochenendhaus noch einen anderen Schrank gab, der fast völlig leer war. Meine Frau Catherine behauptet sogar manchmal, wir hätten uns das Wochenendhaus in Brandenburg nur gekauft, damit ich nichts wegwerfen muss. Im Schrank des Wochenendhauses hängt nun unter anderem das grüne Hawaiihemd, das ich mir mal in Indien gekauft habe und mit dem ich heute diverse Malerarbeiten durchführe. Auch ein grauer Kapuzenpulli, den mir Tante Hannah aus Düsseldorf zur Jugendweihe geschenkt hat, leistet mir hier weiter treue Dienste. Und nicht zu vergessen dieses dunkelblaue Seidenhemd, das mir schon zu klein war, als ich es kurz nach dem Mauerfall auf dem Wühltisch bei C&A entdeckte. Ich fand es damals so abgefahren, ein ganzes Hemd aus dunkelblauer Seide zu besitzen, dass ich wohl nicht auf die Größe geachtet habe. Daneben hängt der Shetlandpullover mit den braunen Rentieren und den roten Schlitten, den meine Mutter mir 1985 im Exquisitladen in der Rosa-Luxemburg-Straße gekauft hat. Der kratzt zwar immer noch ein bisschen, aber ansonsten ist er tadellos. Ich gehöre wahrscheinlich zu den wenigen Menschen auf der Erde, die in einem einzigen Kleiderschrank ihr komplettes Leben dokumentieren können.

Manchmal, wenn ich in den Kleidern meiner Jugend im Garten unseres Wochenendhauses stehe, habe ich das Gefühl, der Herrscher der Zeit zu sein. Sämtliche Phasen meines Lebens verschmelzen, bilden ein einziges, nie endendes Jetzt. Ich rieche an dem gelben Anorak, den ich geschenkt bekam, als ich mit meinem Freund Sven zum ersten Mal ohne Eltern nach Ungarn gefahren bin. Ich tauche ein in den Strudel der Jahrzehnte, bin wieder sechzehn und wiege meinen pubertierenden Körper im brandenburgischen Wind. Diese Zeitreisen, die ich dank meines historischen Kleiderfundus unternehme, können verstörend sein, weil sich alles vermischt und ich selbst zu einer Art Nostalgie-Fata-Morgana werde. Gleichzeitig stelle ich fest, dass mir dieser sechzehnjährige Typ, der ich einmal war, noch immer recht bekannt vorkommt, dass wir zusammengehören, uns vertraut sind.

Manchmal zerfalle ich auch in verschiedene Epochen, bin mit dem Oberkörper in den Achtzigern, während meine Beine in den Bootcut-Jeans der nuller Jahre stecken. Es ist übrigens auffällig, dass ich kaum noch Hosen aus meiner Vergangenheit besitze. Vielleicht liegt es daran, dass sich Hosen schneller abnutzen. Oder aber die Abnutzung an der Hose wird vom Menschen als gravierender empfunden als die am Oberteil. Marxisten würden sagen: „Das Oberteil ist der Hose historisch überlegen."

Ich habe gelesen, die Oberhaut des Menschen würde sich alle 28 Tage komplett erneuern. Alle 28 Tage sind wir also außen herum ganz neu. Manchmal träume ich davon, meine ganzen alten Sachen wegzuschmeißen, mich auch kleidermäßig zu häuten, noch mal ganz von vorne zu beginnen. Marxisten würden dazu wahrscheinlich sagen: „Die Wirklichkeit ist dem Traum historisch überlegen."

Sophie Passmann

Komplett Gänsehaut

Also: Ich halte es für überbewertet, mit siebenundzwanzig zu sterben. Ich denke, Jimi Hendrix und Janis Joplin haben da wirklich einen Fehler gemacht. Mit siebenundzwanzig fängt alles erst an, die ganze Jugend ergibt erst Sinn, wenn man lang genug durchhält, um sie hinter sich gebracht zu haben. Im Nachhinein von allem erzählen, das ist doch das eigentlich Geile. Dann ist alles nur noch Anekdote und Nostalgie und nicht Weltschmerz und Anstrengung.

Jimi Hendrix hatte einen Lebenstraum, er wollte eine Art universelle Sprache der Musik erfinden. Er ist gestorben, bevor er sich diesen Traum erfüllen konnte. Er ist gestorben, bevor er erkennen konnte, dass diese Idee vor allem keck klingt, aber nicht umsetzbar ist, so wie luxuriöses Camping oder deutscher Antifaschismus. Jimi Hendrix ist mit siebenundzwanzig Jahren gestorben, herrje, natürlich blieb sein Lebenstraum unerfüllt, er hat es vermutlich nicht mal geschafft, einmal im Leben ordentlich seine Steuererklärung zu machen und festzustellen, dass es eine finanzielle Verlustrechnung ist, eine Gitarre pro Konzert zu verbrennen. Janis Joplin hat bis heute eine Karriere als Konterfei in *Hard Rock Cafes*, das muss ja wirklich jeder selbst wissen, es gibt jedenfalls diese Geschichte über sie, wie sie auf der After-Show-Party ihres eigenen Konzerts im Central Park in New York traurig war, weil irgendein Kerl nicht mit ihr nach Hause gehen wollte. Sie soll dann später am Abend Patti Smith auf einem Hotelzimmer vollgejammert haben, was man sich wie eine Szene vorstellen kann, bei der man nicht unbedingt dabei gewesen sein will, Joplin jedenfalls: sehr aufgelöst, dass sie keinen Erfolg bei Männern hat, *another night alone*, soll sie zu Smith gesagt haben, und wie absolut kacke müssen die Zwanziger sein, dass man ein Konzert im Central Park gibt und danach traurig auf einem Hotelzimmer liegt, weil irgendein Kerl einem nicht unters Shirt wollte, es *muss* doch besser als das werden, siebenundzwanzig darf auf keinen Fall das Ende sein. Mit siebenundzwanzig ist jeder Haarschnitt immer noch nur eine Phase. Ganz langsam macht sich die Einsicht breit, dass man nicht sein ganzes Leben lang die Möglichkeit haben wird, sich für Zeug, das man tut, im Nachhinein zu schämen, irgendwann ist man richtig erwachsen, und dann endet die Ära, in der man sich später noch lustig entschuldigen darf für Dinge, die man getan hat, für T-Shirts und Beziehungen und witzige Piercings, die man zum Ende des Studiums einfach für eine hochemotionale Idee hielt, man steht so auf der Kippe zum richtigen Erwachsensein, in den ersten Jahren nach der Volljährigkeit war das noch eine niedliche Pose, nicht zu wissen, wie man einen Ölwechsel macht oder eine Hühnersuppe, langsam ist es nur noch albern, die Leute lassen einen das spüren, langsam sollte man mal Verantwortung übernehmen für dieses lächerliche Leben, das man sich da im Laufe der letzten Jahre zusammengeklöppelt hat, für die Wohnungen, die man bezieht, die Straßen, durch die man fährt, und die Städte, die man hasst, irgendwann darf man nicht mehr einfach nicht kochen können und selbst gedrehte Zigaretten als Kern des eigenen Charakters ausgeben, da muss mehr kommen, und das, was da ist, muss dann auch hinterfragt und verteidigt werden, es wird ja ohnehin wahnsinnig viel hinterfragt, und das hat dann auch sicher seine Richtigkeit, und deswegen kommt irgendwann zwangsweise der Moment, in dem man entscheidet, dass jetzt auch mal gut ist, dann bezieht man mit großer Ernsthaftigkeit eine Wohnung und richtet sie ein, lernt, was das Wort *toxisch* auf Menschen bezogen bedeutet, und sortiert ein paar Freunde aus, hängt Bilder auf und sagt Partys ab, und dann fühlt sich alles an wie der Abend nach einer Beerdigung, wenn alle Gäste gegangen sind und es zum ersten Mal seit langer Zeit ruhig wird und man mit komischen Gefühlen alleine ist und sich denkt, *ah, achso, scheiße.* Dann fängt es an. Nicht das Leben, sondern viel eher, so zu tun, als wüsste man, was das Leben ist, so lange bis es einem passiert, sehr wissend nicken während Trennungen und Umzügen und Toden und Geburten, klar, so haben wir das immer schon gemacht. Das klingt alles anstrengend, es wird aber sicher super gewesen sein. So im Nachhinein betrachtet.

Erwachsene Menschen reden über ihre Jugend, als sei es dieses schillernde Ding gewesen, als wäre danach nichts Tolleres gekommen, *Dir steht die ganze Welt offen*, sagen sie, und das stimmt natürlich, aber es ist eben auch wahr, dass kein Mensch, der einigermaßen alle Gefühle beieinander hat, ernsthaft möchte, dass ihm die ganze Welt offensteht. Das scheinen Erwachsene zu vergessen, diese Hektik, diesen Stress, denn die scheiß Welt steht ja nicht einfach offen, sie drängt sich auf, später erzählt ist das sicher aufregend, wenn es gerade passiert, aber einfach nur irre anstrengend. Um irgendwann einer von den Erwachsenen werden zu können, der nostalgisch verklärt, wie Jungsein war, muss man Jungsein erst mal hassen und anfangen, die Welt zu zwingen, endlich nicht mehr offenzustehen, *halt dein Maul, Welt, lass mich in Ruhe Döner essen*, und dann sortiert man Stück für Stück die Sachen aus, die man nicht haben will, so lange, bis nur das bleibt, was man vielleicht nicht braucht, dessen Existenz man aber zumindest rechtfertigen kann, natürlich ist das lästig, herrje, alles ist lästig, das Machen, vor allem aber das Nichtmachen, das sagen die Alten einem ja ständig, und man kann so gut wegignorieren, dass sie leider recht haben. Nichtmachen ist die Hölle, deswegen steht man in seinen Zwanzigern so entsetzlich betriebsam in der Gegend rum, als gäbe es auch nur einen einzigen wichtigen Brief, der einen in diesem Kalenderjahr noch erreicht, jedenfalls zwingt man die Welt, endlich nicht mehr so unerträglich offen zu sein, und zwar tut man das mit Methode. Diese spezielle Form von Weltschmerz, diese empirisch sich aufdrängende Arroganz, zu glauben, dass man überall hinkönnte, wenn man nur wollte, die ist ja nicht bei allen jungen Leuten da, das ist das große Generationenmissverständnis, diese große Erzählung von den jungen Leuten, wie sie absichtlich ihre Turnschuhe kaputt laufen und sich verklemmt aufgeregt durch die Welt schleppen, in Wahrheit ist das nur ein Gefühl, das höchstens eine Handvoll junger Leute in jeder Generation wirklich verkörpern, das sind diese entsetzlich deutschen Vorstadtkinder mit ihren Tupperdosen voller Gurkenscheiben, die ganze scheiß Kindheit eine einzige abgeschnittene Brotkruste, wer so groß wird, empfindet den *Tatort* natürlich als krass, und diese Deutschen, die haben den Weltschmerz, und auf diese Deutschen wird natürlich gehört, und sie sind wichtig, und diese Deutschen tun alles mit brutaler Methode, so wie man das immer schon gemacht hat, es bietet sich also Folgendes an: Man geht vom Kleinsten zum Größten. Man betreibt einmal Inventur im ganzen Leben, man fängt bei sich zu Hause an, auf dem beschissenen Parkett in der ekelhaft hellen Altbauwohnung, geht weiter in die beschämend schöne Straße, und zuletzt guckt man auf die Stadt, in der man natürlich aus Absicht wohnt, das guckt man sich alles an, entscheidet, was davon dableiben darf, man zählt alles einmal durch und sucht Begründungen für die Anwesenheit von Designerstühlen und Erbschuld, nach dem Grund für das Ende von Mietverträgen und Lieben, das kann man also dann alles erklären und rechtfertigen, zumindest kann man so tun, zumindest kann man endlich mal wieder über sich selbst nachdenken, und dann

steht die scheiß Welt nicht mehr offen, und dann ist
endlich Ruhe.

Wäre das hier eine gute Geschichte, würde all dieser
Kram passieren, der im echten Leben immer höchstens
fast passiert. Ich würde immer mal wieder rauchend an
Bars stehen, dabei sehr jung aussehen, bestimmt würde
auch an Seen gestanden und auf Bürgersteigen geses-
sen, an irgendeinem Punkt würde ich mit einer halben
Flasche Grauburgunder durch meinen komplett
bescheuerten Stadtteil laufen, die Herleitung dieser, na
ja, sagen wir mal Anekdote, wäre natürlich frech und
ein wenig absurd, so wie das Leben mit siebenundzwanzig eben frech und absurd zu sein hat, was für
eine Scheiße.

Es wäre alles deutlich einfacher, wenn die Geschichten, die junge Leute angeblich erleben, nicht immer so
irre einfühlsam wären, so voller Erkenntnis in Eltern-
häusern und Liebeskummer auf Autobahnen, Groß-
werden ist meistens langweilig, oft stößt man sich an
Tischkanten oder steht im Supermarkt und weiß nicht,
ob es sich wirklich lohnt, den teuren Risottoreis zu
kaufen, oder ob es nicht doch niemand merkt, wenn
man wie immer Milchreis nimmt. Währenddessen
fühlt man sich kein bisschen so, wie Jugend in Filmen

immer aussieht, man denkt auch daran, dass die einzige Gewissheit, die man hat, die ist, dass die Leben von den Leuten, die so irre spannend im Internet aussehen, die nämlich, die Fotos posten von sich vor geschlossenen Bars, man weiß, dass deren Leben langweiliger und dümmer und vor allem ungeputzter sind als das eigene. Man weiß das. Und trotzdem bleibt an der Supermarktkasse dann so ein furchtbarer Restzweifel an sich selbst, genährt durch die Erkenntnis, dass die anderen Leute sich am Ende für den echten Risottoreis entschieden haben und einfach zu jeder Tageszeit elegante Menschen sind, selbst wenn niemand zuguckt. Wenn man siebenundzwanzig ist, wollen einem erwachsene Menschen brachial vermitteln, dass man gerade die Zeit seines Lebens haben sollte, aber die meiste Zeit meines Lebens verbringe ich damit, nicht zu wissen, was ich auf *Netflix* gucken soll.

Cees Nooteboom

Für das, was nun folgt

Für das, was nun folgt, kann ich mich nur schämen, und sei es bloß wegen meines Alters. Denn Männer meines Alters sitzen nachts nicht in leeren Klassenzimmern. Ich hatte die letzten Sätze aufgeschrieben und mich danach mühsam aus der Bank gequält. Auf einmal überkam mich die Vorstellung, die Ferien seien vorbei, eine grölende Klasse stürme herein und finde mich hier als Eindringling vor, wie einer, der durch das Wachstum seiner Knochen, durch das überall obszöne Anschwellen seines Fleisches, durch das Haar, das aus seinem Gesicht wächst, und den Gestank der Ducados das Recht verloren hat, sich im Territorium der Kinder aufzuhalten, es aber trotzdem will, ein Schänder.

Sie würden hereinkommen und mich als einen schon vom Alter Infizierten entlarven, der vielleicht schon ein bißchen nach Tod riecht und der dennoch, oder vielleicht gerade deshalb, in einer Welt leben will, in der die gemeinen Regeln der Älteren noch nicht gelten, in der das Dasein noch keine Geschichte ist, die stimmt, eine Welt, in der alles noch geschehen muß, und die,

46

weil es sich noch nicht ereignet hat, noch alle Formen annehmen kann, ganz einfach, weil sie noch nicht wie die meine fertig war.

Sie würden grölend hereinstürzen, mich mit meinem viel zu großen, vollgeschriebenen Schulheft sehen, das mir niemand abverlangt hat, sie würden den Betrug, die Lüge wittern und auf einmal ganz still werden, all die klaren Augen würden mich mit der Abneigung ansehen, die das Unmögliche nun einmal hervorruft. Sie würden nicht einmal lachen, sie würden langsam hinausgehen und einen anderen Erwachsenen holen, einen aus meiner eigenen, entschiedenen Welt, wo sich niemand abends an dein Bett setzt, um dir eine Geschichte zu erzählen, wenn du darum bittest, wo niemand einfach so eine Sonne malt mit viel zu langen Strahlen über einem Berg, der kleiner ist als das Haus, das danebensteht.

Ich pfiff vor mich hin, aber es hatte keinen Klang. Dann schaute ich hinaus und sah, was ich den ganzen Monat über hätte sehen können, aber nie gesehen habe, ein Himmel-und-Hölle-Spiel, eine mit Kreide auf den Boden gemalte Figur aus Vierecken, die beziffert sind, quer und dann wieder längs, von denen ich immer meine, daß sie in primitiver Weise das Schicksal darstellen. Man legt eine Strecke zurück, und etwas geht gut oder schlecht, so ähnlich ist das. Knaben spielen es nicht, zumindest kann ich mich nicht erinnern, es je gesehen zu haben. Irgendein Mensch an einer Universität hat zweifellos eine Studie über das Himmel-und-Hölle-Spiel geschrieben und einen Zusammenhang mit Initiationsriten, der Kabbala oder Gott weiß was gefunden. Doch das beschäftigte mich jetzt nicht, denn ich spürte ein dummes und unbezwingbares Verlangen zu hüpfen.

Zunächst wollte ich es unterdrücken, aber schließlich war es drei Uhr nachts, und auf dem Schulhof konnte mich keiner sehen. Ich ging hinaus, schaute mir die Felder an und merkte, daß ich nicht mehr wußte, wie es ging, was mich jedoch nicht davon abhielt.

Auf einmal sprang ich, so wie man zu Beginn der Saison erstmals ins Meer springt, auf einem Bein ins erste Feld und glitt mit einem kleinen Sprung ins nächste Feld hinein. Ich wußte nicht, was ich tat, doch ich war glücklich. Die Nacht war klar, die Uhr schlug drei, und Alfonso Tiburón de Mendoza hüpfte auf dem Schulhof. Wenn zwei Felder nebeneinander lagen, sprang ich mit einem genauso anmutigen Sprung, wie ich es bei den kleinen Mädchen auf der Straße gesehen hatte, mit gespreizten Beinen hinein und hüpfte auf einem Bein weiter. Ich kannte den Sinn der Sache nicht, doch ich war glücklich, weil ich so hüpfend das Gefühl hatte, noch immer an meiner Geschichte zu schreiben, die drinnen fertig auf dem Tisch lag, das lächerliche Kuckucksei, das ich ins Nest von mindestens zehn Vögeln gleichzeitig gelegt hatte. Erst als ich ganz außer Atem war, hörte ich auf und setzte mich auf den Boden, wie ich das früher getan hatte, als ich meinen Kopf noch am Fenstersims aus Quadersteinen reiben konnte. Das ging heute nicht mehr, doch das kümmerte mich jetzt nicht. Der Mond war über das Dach der Schule gestiegen, und in den Himmel spähend sah ich Orion, meinen Lieblingsstern, gefolgt von Sirius, meinem Lieblingshund. Ein weißer Lichtfleck lag auf dem strengen Viereck des Spielplatzes, als hätte es geschneit; sonst war nichts zu sehen.

Und da saß ich noch lange und glücklich.

Ilse Gräfin von Bredow

Auf der Suche

Wir Alten sind ständig auf der Suche – nicht so sehr nach der verlorenen Zeit, sondern eher nach den banalen Dingen des Alltags, wie etwa der Brille, den Hörgeräten, dem Portemonnaie, der Versicherungskarte, der EC-Karte oder dem Hausschlüssel – um nur einige zu nennen. Diese zeitraubende Sucherei kostet uns Stunden unseres schrumpfenden Lebens.

Glücklicherweise ist Vergesslichkeit nicht nur bei uns Alten zu finden, auch noch jugendliche Jeansträger, wie die Chefs von Banken und Firmen, kehren auf dem Weg zur Arbeit um, weil sie erst eine Akte, dann das Handy oder den Autoschlüssel und schließlich die Verabschiedung von der Ehefrau vergessen haben. Insofern befinden wir uns also in bester Gesellschaft mit vitalen, flexiblen und nervenstarken Menschen.

Leider sind nun manche der vermissten Gegenstände sehr empfindlich; die Brille ist außerdem noch suizidgefährdet. Anstatt auf der wirklich ausreichend breiten Armlehne des Sessels, wo man sie abgelegt hat, artig liegen zu bleiben, bis man wieder nach ihr greift, lässt sie sich auf den Teppich gleiten und möglichst dorthin, wo die Füße sind. Man steht auf und es macht »knack«. Außerdem ist sie immer schmuddelig – wenn man sie aufhebt und prüfend gegen das Licht hält, sehen ihre Gläser aus, als hätte man sie gerade aus einer Pfütze gefischt. Wahrscheinlich denkt sie oft, dass ihr sowieso kein langes Leben beschert ist angesichts des rasanten technisch-medizinischen Fortschritts, der es in Zukunft möglich machen wird, nicht nur eine neue Linse, sondern mühelos zwei neue Augen einzusetzen, sodass man nur noch über die Farbe nachzudenken braucht: »Grün, gnädige Frau, würde wundervoll zu Ihren Haaren passen und ist auch im Moment sehr gefragt.«

Natürlich hat jeder vernünftige Senior eine Zweitbrille, nur sind Brillen merkwürdigerweise sehr solidarisch – ist die eine weg, verschwindet die zweite auch und bleibt unauffindbar. So muss man mit einer längst ausrangierten vorliebnehmen, deren riesige Gläser unser halbes Gesicht bedecken und deren Schärfe gerade dazu reicht, sich vorsichtig durch die Wohnung zu tasten. Aber Bangemachen gilt nicht! Wir gehen trotzdem ins Theater. Schließlich haben wir uns lange genug auf diese Aufführung gefreut, und die beiden Hauptdarsteller gehören zu unseren Lieblingen. Außerdem kostet die Karte heutzutage so viel wie früher vier

Logenplätze, und man kann sie nicht einfach verfallen lassen, egal ob man seine Lieblinge nur als Schemen sieht. Ihre wundervollen geschulten Stimmen sind schon allein ein Hochgenuss, denn unsere Ohren sind noch gut in Schuss – eine Meinung, die im Freundeskreis und von der Familie nicht geteilt wird.

Senioren, die die Hausklingel immerhin noch zirpen hören, genau wie die unter ihrem Fenster vorbeijagende Polizeisirene, können gar nicht dankbar genug sein. Damit brüsten sollten sie sich jedoch lieber nicht, denn dann fällen Familie und Freundeskreis das Urteil: Hörgeräte! Dem sich zu widersetzen, fehlen den meisten von uns die Nerven.

Diese Geräte sind, wenn man der Werbung glaubt, jedem auch noch so gut hörenden Ohr weit überlegen. So scheint denn die Hörgerätebranche mit gewissem Wohlgefallen zuzusehen, wie die Jugend eifrig alles tut, um möglichst schnell in den Genuss dieser herrlichen Apparate zu kommen. Senioren, die in der Nähe eines Treffs wohnen, in dem sich unser Nachwuchs austobt, können das nur bestätigen. Aber diese kleinen Geräte haben durchaus ihre Probleme, mal abgesehen vom Preis. Von dem Geld, das wir dafür ausgeben müssen, könnte man sich glatt vier Urlaubsreisen zu den schönsten Plätzen der Welt leisten, denn unsere

Krankenkasse verhält sich leider mit Zuschüssen immer zurückhaltender. Deshalb sollte man dieses Wunder der Technik förmlich in Watte packen, indem man es wenigstens nachts sorgsam in das ihnen zugedachte Schächtelchen legt, mit dessen Gestaltung sich der Hersteller viel Mühe gegeben hat, damit es dem hohen Preis entspricht.

Doch das genau tun wir nicht – oder nur am Anfang. Im Laufe der Zeit haben wir uns angewöhnt, recht sorglos mit dieser Kostbarkeit umzugehen, besonders die Herren, wenn sie sich ihres Pullovers entledigen, die Geräte dabei unbemerkt herausziehen und durch die Luft segeln lassen. Was ihnen aber erst auffällt, wenn die Nachrichtensprecherin plötzlich redet, als hätte sie eine Kartoffel im Mund. Dieses farblich unauffällige Produkt – natürlich haben wir die neuerdings angebotenen knalligen Bonbonfarben weit von uns gewiesen, was wir jetzt bereuen – ist auf hellen Teppichen, Stühlen oder Sofas so gut wie unsichtbar. In solchen Augenblicken leidet unsere Brille wieder einmal unter dem Pfützensyndrom, dazu kommt die Angst, auf die Geräte zu treten – und so suchen wir verzweifelt am Rande einer Nervenkrise, während das eine Gerät friedlich im Bücherregal liegt und das andere im Azaleentopf.

Hightechgeräte haben übrigens auch bei sorgfältigster Behandlung so ihre Tücken. Während man sich bei einer festlichen Veranstaltung gerade angeregt unterhält, geben sie ihren Geist auf, und man kann immer nur lächelnd nicken, obwohl man kein Wort mehr versteht. Auf den klugen Gedanken, für solche Fälle Reservebatterien zur Hand zu haben, kommen wir selten.

Hörgeräte-Akustiker, die Hausbesuche machen, können da die schönsten Geschichten erzählen; man glaubt nicht, was diesen unglücklichen Geräten alles passiert – sie fallen ins Klo, werden vom Hund zerkaut oder landen in der Waschmaschine, wo sie sich mit der Sechziggradwäsche im Kreise drehen.

Hausschlüssel wiederum fühlen sich anscheinend in Mülltonnen besonders wohl. Mir jedenfalls ist es schon dreimal passiert, dass mit der wohlgefüllten Plastiktüte, in der ich meine Abfälle entsorgte, sich auch mein Hausschlüssel von mir verabschiedete und mit in die stinkende Höhle glitt, wo er es sich in einem Joghurtbecher gemütlich machte, aus dem ich ihn mühsam herausfischen musste. Hausschlüssel begeben sich sowieso gern auf die Wanderschaft. Sie lieben Papierkörbe, den Kofferraum, schlüpfen mit Vorliebe unter Autositze und bleiben, wenn sie nicht wegkönnen, eben einfach in der Wohnungstür stecken – von außen.

Ständig sind wir auf der Suche nach all den Dingen, die wir gern als »einzige« bezeichnen: dem einzigen Kugelschreiber, der deutlich schreibt und gut in der Hand liegt, dem einzigen Kamm, der beim Kämmen unserer zugegebenermaßen etwas dünn gewordenen Haare nicht so kratzt, dem einzigen Küchenmesser, das schneidet, dem einzigen Kochtopf, in dem die Milch nicht anbrennt.

Leider besitzen wir Singles etwas sehr Nützliches nicht, was Familien unter dem Namen »irgendjemand« gute Dienste leistet: »Irgendjemand hat schon wieder meine Schere aus dem Etui genommen.« Die geliebten Enkelkinder geraten am schnellsten in Verdacht. Zu Besuch bei den Großeltern sind sie Meister darin, überall herumzuschnüffeln, mit Vorliebe in Omas Schrank, um dann mit dem Gefundenen Unfug zu treiben oder sich zu verkleiden. Ja, sie scheuen sich nicht, den Hund mit einem teuren Hermes-Tuch zu schmücken oder sich selbst mit Omas Ohrringen – und wo sind die jetzt geblieben? Dann fällt der Großmutter gleich wieder die Geschichte von der kleinen Leonie ein, die bei einer Hochzeit die Schleppe tragen durfte, und was blitzte da an ihrem Hals? Die Kette mit dem riesigen Brillanten, die bereits den Dreißigjährigen Krieg, angeblich einen schweren Bombenangriff, die Flucht und die Russen überstanden hatte, und dieses Heiligtum am Hals dieser Göre! Aber o Wunder – die vermissten Ohrringe sind plötzlich wieder da und genau dort, wo sie hingehören! Was gibt es da zu lachen? Man kann ja schließlich mal was übersehen.

Auch der Großvater hat mal wieder den falschen Verdacht. Er könnte beschwören, dass er, bevor er sein Mittagsschläfchen machte, den Autoschlüssel auf die Ablage in der Garderobe gelegt hat, und schon weiß er den Übeltäter zu nennen: Enkelsohn Christian, gerade den Führerschein erworben, aber noch autolos und verrückt auf kleine Spritztouren. Der hat sich bestimmt den Schlüssel geschnappt, und ab geht die Post – man kennt das ja, deshalb ist die ganze Sucherei auch völlig überflüssig.

»Finde ich nicht«, sagt die Großmutter, und siehe da, in kürzester Zeit hat der Schlüssel sich wieder angefunden. Er liegt beim Opa in der Nachttischschublade.

Der Enkelsohn grinst: »Suchet, so werdet ihr finden.« Der Großvater lächelt etwas geniert zurück. »Tut mir leid, mein Junge, irgendjemand muss ihn in die Schublade gelegt haben. Aber egal, Hauptsache er ist wieder da.«

Er wirft dem Enkelsohn den Schlüssel zu. »Vor Mitternacht will ich ihn wieder im Stall stehen sehen.«

Die Schwiegertochter kommt herein, sie ist sichtlich beleidigt, dass man ihren Liebling verdächtigt hat. Immer ist ihr Christian Opas Sündenbock, das arme Kind. »Vielleicht solltest du mal an einem Gedächtnistraining teilnehmen«, sagt sie mit einem süßlichen Lächeln zum Schwiegervater.

»Gute Idee, das könnten Christian und ich dann gemeinsam machen, nicht wahr, mein Junge, oder stimmt es etwa nicht, was mir deine Mutter erzählt hat, nämlich dass du dreimal hintereinander vergessen hast, die Tür zum Gefrierschrank zu schließen?«

Der Enkelsohn nickt grinsend und wirft seiner Mutter einen Blick zu: »Mutter, du nervst.«

Ronja von Rönne

Meine beste
Freundin heißt Käse

Meine beste Freundin heißt „Käse". Das ist der Name unserer Chatgruppe. Unsere Freundschaft ist ein bisschen wie Gott, nämlich dreigeteilt: Luisa, Julia, Ronja. Was uns eint, sind eine Vorliebe für Feta, eine gemeinsame Schulzeit, ein Mann, mit dem wir alle geschlafen haben.

Das klingt unromantisch, aber das ist ja das Gute an der Freundschaft, im Gegensatz zur Liebe zehrt sie nicht von der Romantik. Macht sie meist auch langlebiger.

Luisa habe ich mit drei kennengelernt. Meine Familie war gerade nach Bayern gezogen. Erster Tag im neuen Kindergarten. Ich heulte, weil ich dachte, dass ich wegen des hässlichen gelb-lila Pullis, in den meine Mutter mich gestopft hatte, weil er „so schön fröhlich" aussehe, niemals Freunde finden würde. Dort traf ich Luisa, genauso blond wie ich, aber in einem schönen, einfarbigen Pulli mit Einhorn vorne drauf.

„Bist du neu?"

„Ja."

„Dein Pulli sieht beknackt aus. Willst du was malen?"

Freunde, das sind Leute, denen man Ehrlichkeit verzeiht.

Mit Julia bin ich seit der siebten Klasse befreundet, als wir gemeinsam den Französischlehrer fertigmachten. Bei den Prüfungen ließen wir die Bücher offen auf dem Tisch stehen, und einmal stapelten wir im Unterricht sämtliche Arbeitsblätter zu einem schönen, hohen Haufen und zündeten ihn an.

„Hast du gesehen, wie geil das gebrannt hat?"

„Hat so geil gebrannt."

Freunde, das sind Leute, mit denen man Sachen erlebt, auf die man später nicht stolz ist.

Die Abiturzeit verschwendeten wir zu dritt, wie es sich für junge Menschen gehört. Unwichtig waren die Noten, wichtig waren Trips in klapprigen Autos zum nächsten McDonald's.

Physik spielte keine Rolle, Anziehungskräfte eine große, es wurde viel geknutscht, viel getrunken, viel eingeschmissen, in Fords gekotzt, in fremden Armen aufgewacht. Alles war groß, weil alles Neue immer groß ist, und vom Neuen hat das Leben während der Abiturzeit noch eine Menge zu bieten.

Am Tag teilten wir die Croissants vom Pausenverkauf

und die Verachtung gegenüber den meisten Mitschülern.
„Ich pack die Leute hier nicht."

„Nur noch ein Jahr."

Freunde, das sind Menschen mit gemeinsamen Feinden. Abends leuchtete verlässlich mein Handy auf, „See?" schrieb Luisa dann, und eine Dreiviertelstunde später hörte man penetrantes Hupen vor dem Haus. „See" bedeutete niemals schwimmen, segeln, Sonnencreme, sondern zu dritt im Wagen auf das Wasser starren. Dabei rauchten wir Luisas Ford voll, der Chiemsee lag vor uns. Wir blieben im Wagen, hörten die immer gleichen Lieder. La Roux. Kesha. Fleet Foxes. Nie wieder waren Lieder so ergiebig wie damals, sie reichten für Jahre. Wir sprachen nicht mal besonders viel.

„Drehst du mir eine, Ronja?"

„Ich drehe dir die schönste Zigarette der Welt."

Denn das teilten wir am Abend: Drehtabak und eine vage Sehnsucht nach Zeiten, die uns noch enttäuschen sollten.

Seit dem Abitur habe ich mit keiner der beiden je wieder am gleichen Ort gewohnt. Wir wurden auseinandergewürfelt. Aus dem Dreierpasch wurde eine große Straße, auf der alle schnell in verschiedene Richtungen verschwanden. München. Berlin. Amsterdam. Grafikdesign. Psychiatrie. Architektur. Praktikum.

Ausbildung. Zusammenbruch. Die erste große Liebe. Das dritte geschmissene Studium. Die zweite große Liebe. Aber in „Käse" teilen wir noch immer: Fotos, Videos, lustigen Kram aus dem Internet. Durch die Chatgruppe ist der Kontakt nie abgebrochen, die Unmittelbarkeit noch genauso, die Wortwahl die gleiche. Ich weiß immer, wo die beiden gerade sind. Ich weiß, wie malträtiert Julias Füße aussahen, als sie den Jakobsweg gelaufen war, ich weiß, wie orange die Augen von Luisas Katze leuchten und eine Menge anderer Dinge, die auf gar keinen Fall hier veröffentlicht gehören.

Freunde, das sind Leute, die Fotos von einem auf dem Handy haben, für die man schnell seinen Job verlieren würde.

Wir sehen uns selten. An Weihnachten, wenn's alle wieder nach Hause treibt. Vielleicht zweimal im Jahr besuchen wir uns. Wenn wir uns sehen, sind wir wieder 17. Wir hören die gleiche Musik wie damals, und nur mit ihnen schmeckt mir Drehtabak besser als die fertigen Zigaretten, die ich sonst rauche.

Freunde, das sind Leute mit zotteligen Haaren, die länger bleiben, als sie ankündigen, den Kühlschrank leer fressen, das Shampoo aufbrauchen, und wenn sie fahren, ist man traurig.

Wie viele Freundschaften lebt auch unser Dreierclübchen von der Nostalgie. Wer weiß, ob die Nächte wirklich so geleuchtet haben. Ob die Lieder wirklich so gut waren. Ob wir kaum Worte brauchten oder einfach nichts zu sagen hatten.

Aber die Erinnerung ist gnädiger als die Gegenwart, besser im Beleuchten. Vieles verdrängt man, wenn man über Freundschaften schreibt, vor allem über solche, die schon so lange halten. Doch irgendwas muss es sein, was uns auf allen elektronischen Kanälen einander kleinste Erschütterungen unserer Leben mitteilen lässt, sei es ein neues Tattoo oder ein neuer Freund.

Oft hört man den Vorwurf, das Internet könne Freundschaften nicht aufrechterhalten.

Freunde, das sind Leute, die das Gegenteil beweisen.

Piet Weber

Ich hasse das Internet

Früher hielt ich das Internet noch für eine schlaue Erfindung, für nützlich und zukunftsweisend. Allein weil sich viele Menschen darin tummeln, die sonst auf den Straßen ihr Unwesen treiben würden.

Ohne Internet würde man beim Schlendern durch die Fußgängerzone von wildfremden Leuten angeschrien werden: „ENLARGE YOUR PENIS, NOW!!!"

Zwielichtige Notare würden auf einen zukommen und erzählen, dass sie den Nachlass eines afrikanischen Prinzen verwalten, der rein zufällig mit einem verwandt sei und jede Menge Geld zu vererben hat.

Man müsste alle paar Tage aus seinem Briefkasten niedliche Katzenbilder herausholen, die ein guter Freund mit der Post geschickt hat. Und um dem Freund mitzuteilen, wie süß und lustig man dieses Bild findet, müsste man ihn anrufen, nur um „rofl" zu sagen.

Deswegen mochte ich das Internet eigentlich ganz gerne. Bis vor ein paar Wochen. Bis zu dem Tag, an dem meine Mutter einen Internetanschluss bekommen hat.

Es fing ja noch ganz harmlos an, als sie mir und meinen beiden älteren Brüdern ihre E-Mail-Adresse mitgeteilt hat: euremutter@aol.de. Wir haben viel gelacht an dem Tag. Kritischer wurde es mit den ersten E-Mails, die sie verschickt hat:

„Hallo mein Großer, ich habe ein niedliches Katzenbild gefunden. Besuche mal www.niedlichekatzen.de und wenn du links auf ‚Galerie' klickst, kannst du unten auf Seite 2 blättern. Da ist es das 12. Bild in der rechten Spalte. Ist das nicht ein ulkiges Foto? Rolf. *Liebe Grüße, Mama"*

Dass sie das Konzept von Links noch nicht verstanden hat und deswegen umständlich beschreibt, wo man dieses Bild findet, geschenkt. Aber „rofl" schreiben zu wollen, und dann kommt „Rolf" dabei raus, das geht gar nicht. Vielleicht hat sie damit auch einfach nur einen neuen Trend gesetzt. Männernamen zusammenhanglos in E-Mails einbauen. Ich habe das direkt adaptiert:

„Hallo Mama, ja, die Katze hat ihren Kopf in einem Karton verheddert. Noch nie gesehen. Sehr witzig. Vielen Dank für diesen originellen Einblick in dein

Leben auf der digitalen Überholspur. Bernd. *Liebe Grüße, Sohn No. 3"*

Danach war erst einmal für ein paar Tage Ruhe im Postfach. Doch dann meldete sich meine Mutter aus dem Urlaub. Sie schrieb, dass sie nun endlich ein Internetcafé hat finden können, um uns zu „e-mailen". Das Wetter sei sehr schön und die Leute nett. Insgesamt also eine sehr informative E-Mail. Ich antwortete:

„Hallo Mama, das Jahr 2001 hat angerufen und möchte sein Internetcafé zurückhaben. Du scheinst da einer echten Rarität auf der Spur zu sein. So etwas findet man nur noch ganz selten. Wenn du Bilder von diesen Cafés machst, kannst du sie im Album direkt neben die Pyramiden von Gizeh kleben. Die Suche danach hat sich auf jeden Fall gelohnt, für diese wertvollen Impressionen, die du uns so bildhaft beschrieben hast. Ich habe es vor Augen, als wäre ich dabei gewesen. Jochen. *Liebe Grüße, Sohn No. 3"*

Eigentlich darf ich mich nicht beschweren, denn diese Art von Urlaubs-E-Mails sind eine eminente Steigerung im Vergleich zu den Postkarten, die sie früher geschrieben hat. Weil sie nämlich die Befürchtung hatte, die Karten würden erst bei uns eintreffen, wenn sie schon wieder zu Hause ist, hat sie noch am Flughafen Postkarten mit Berlin-Motiven gekauft, auf dem Hinflug beschrieben und am Zielflughafen direkt in den Briefkasten geworfen. Nie werde ich die Postkarte vergessen, die sie mir aus Peru geschickt hat. Vorne war das Brandenburger Tor zu sehen, und hinten schrieb sie Folgendes:

„Hallo mein Großer, der Flug nach Lima war sehr anstrengend. Wir mussten in Frankfurt umsteigen und hatten vier Stunden Aufenthalt. Dafür war dort das Wetter sehr schön und die Leute nett. Freue mich schon darauf, euch in Berlin wiederzusehen. *Liebe Grüße, Mama"*

Natürlich wollte ich nach so einer Beschreibung unbedingt ins exotisch klingende Peru reisen. Noch viel mehr hat mich aber Frankfurt interessiert. Es schien wie Berlin zu sein. Nur halt mit netten Leuten.
Einen weiteren Internet-Coup landete meine Mutter, als sie mich vor Kurzem bei StudiVZ gegruschelt hat. StudiVZ, die Geisterstadt des World Wide Web. Wie in einem Western würde der Wind Steppenläufer durch dieses Netzwerk wehen, wenn Wind und Steppenläu-

fer nicht schon 2010 ihr Profil gelöscht hätten. Aber meine Mutter handelt antizyklisch und scheint fest daran zu glauben, dass StudiVZ noch einen zweiten Frühling erlebt. Deswegen schmückt sie ihr Profil mit allerhand Informationen, gruschelt und schreibt mir auf die Pinnwand:

„Hallo mein Großer, bin jetzt auch hier. Rolf. *Liebe Grüße, Mama"*

„Hallo Mama, super, wie du dich vernetzt. Erst AOL und jetzt StudiVZ. Das nimmt ja wirklich Fahrt auf. Wenn du demnächst bei Napster das neue Album von den No Angels runterlädst, werde ich nicht drumrumkommen, dich zukünftig ‚Mama 2.0' zu nennen. Uwe. *Liebe Grüße, Sohn No. 3"*

Der GAU ist eingetreten, seit meine Mutter sich vor einigen Tagen ein Smartphone zugelegt hat. Nun schickt sie mir ständig über Whatsapp Selfies von sich und twittert Bilder von ihrem Mittagessen. Ich weiß nicht, was da in der Erziehung schiefgelaufen ist und von wem sie das hat. Von ihrem Vater bestimmt nicht. Was hätte der schon zu twittern gehabt? „Echt kalt hier! #stalingrad"

Es war alles besser, bevor meine Mutter das Internet für sich entdeckt hat. Das Internet war besser. Und meine Mutter war auch besser. Wenn ein Knopf von einem Hemd abgerissen ist, konnte ich es zu ihr bringen, und sie hat ihn wieder angenäht. Heute schreibt sie mir:

„Hallo mein Großer, besuche mal www.youtube.com. Und wenn du oben ‚Knopf annähen‘ eintippst, kommen ganz viele Videos, die das erklären. Rolf. *Liebe Grüße, Mama"*

Ich hasse das Internet.

Anke Maiberg

Ist das Liebe oder kann der weg?

Auch bei Tante Lisbeth waren alte Weisheiten wieder nach oben gekommen.

„Mens sana in corpore sano!", schallte es nämlich am nächsten Morgen durch die Wohnung. Ich rollte von der Ausziehcouch im Wohnzimmer und nahm an, dass mich das auf Schonkaffee zum Frühstück einstimmen sollte. Ältere Damen lieben ja ihren „Schonkaffee", neben Krampfadern ein guter Grund, das Alter zu fürchten. Erstens haben Morgengetränke ohne Koffein ohnehin keine Daseinsberechtigung, und zweitens sind sie schuld an wirklich schlechter Fernsehwerbung.

Wenigstens hätte selbst die entkoffeinierte Variante mir aber den Genuss von Kaffeeduft zum Aufstehen bescheren müssen. Ich schnupperte. Nichts. Hier waberte einzig der seifige Geruch des Lavendelsäckchens umher, das an den Rahmen der Milchglastür zum Flur gepinnt war.

Hinter dieser Tür nahm ich seltsame Bewegungen wahr. Ich ging nachgucken. Zuerst sah ich nur, aber das war ja auch schon eine ganze Menge, Tante Lisbeths Hinterteil, eingezwängt in eine goldene Radlerhose. Das sah aus wie eine wogende, überdimensionale Kalbsleberwurst. Erschrocken fuhr ich zurück, zum Glück, sonst hätte ich als Nächstes Tante Lisbeths Handkante im Magen gehabt, denn mittlerweile hatte sie sich aufgerichtet und vollführte zackige Rumpfdrehungen. Dehnübungen à la Turnvater Jahn. Ich staunte. Ich hatte meine Tante noch nie Sport machen sehen. Meines Wissens hatte niemand das. Außer ihren Freundinnen bei der Beckenbodengymnastik vielleicht, aber das gilt nicht. Den Beckenboden kann man schließlich trainieren, indem man so tut, als müsse man riiiichtig doll Pipi und kein Klo in Sicht. Also nach außen nicht sichtbar. Bei ihrer Gymnastik hockten die Damen wahrscheinlich im Kreis, plauschten, und die Krankenkasse würde nie dahinterkommen, ob auch nur eine von ihnen tatsächlich die Sitzbeinhöcker zusammenzog.

Tante Lisbeth machte noch ein paar Mal die Windmühle, dann justierte sie ihr pinkes Stirnband und drehte sich zu mir um.

„Morgengymnastik für einen gesunden Geist in einem gesunden Körper. Wow, Tante Lisbeth", lobte ich.

„Das ist nur zum Aufwärmen! Wir können aber gleich los. Ich habe für dich keine Stöcke, aber du kannst ja einfach so nebenhergehen, ist besser als gar nichts."

Stöcke … Gehen … Oh nein! Oh nein, oh nein, oh nein! Entsetzt riss ich die Augen auf. „Sag jetzt nicht …"

„Nordic Walking! Doktor Treu sagt, das ist das Gesündeste überhaupt!"

Uff. Nur weil etwas gesund ist … „Tante Lisbeth! Das geht gar nicht", schimpfte ich. „Weißt du, wie uncool …"

„Quatsch! Das machen alle hier, der halbe Kurs von meiner Beckenbodengymnastik."

„Spazieren gehen mit Stöcken, das ist doch total peinlich."

„Das ist kein Spazierengehen, das ist Sport! Hier, guck mal, ich habe sogar einen Pulsmesser." Sie raffte ihr Hightech-Anti-Schwitz-T-Shirt hoch und zeigte mir einen Gurt mit einem schwarzen Plättchen, das unter ihrer Brust klemmte und sich sein Dasein als Sportgerät sicher auch anders vorgestellt hatte.

Hier war so einiges hingeblättert worden, und nun bekam ich das Herzstück ihrer Ausrüstung präsentiert, bei dem sie ganz offensichtlich auch nicht gespart hatte: ein Set türkismetallic lackierter Stöcke mit ergonomischen Griffen, Handschlaufen und aus Titan. Junge. Von allen Trends der Welt musste meine Tante sich ausgerechnet den albernsten aussuchen? Konnte sie nicht einfach in aller Ruhe zu Hause Teelicht-Lampenschirme zusammenlaminieren oder neckische Figuren aus Tontöpfen basteln? Oder, wenn sie etwas für ihre Gesundheit tun wollte, ganz einfach Zahnzwischenraumbürstchen benutzen?

Tante Lisbeth wurde langsam ungeduldig. „Kommst du jetzt mit? Oder schämst du dich etwa für mich?"

Mmmh, ja. Das traf es ziemlich genau. Aber gleichzeitig schämte ich mich auch dafür, dass ich mich schämte. Tante Lisbeth wollte etwas machen, das sie für Sport hielt. Ich dachte an die in der Regel von einer rosaweißen Ballongirlande umkränzten Aufsteller für Damen-Fitnessstudios, auf denen fröhlich beieinander untergehakte Frauen zusammen Luftsprünge machten. Teamgeist, das ist beim Sport das Wichtigste, ganz besonders, wenn man ihn nicht gewohnt ist. Eine für alle, alle für eine.

Eine Viertelstunde später waren wir unterwegs. Ich hatte mich schnell angezogen und ignorierte Tante Lisbeths Frage, ob ich denn

wirklich in Jeans und Jacke „Sport" machen wolle. Mein Spaziergang/ihr Training vor dem Frühstück führte uns zum Freesbüller Wald. Vor hundert Jahren hatte man hier das Experiment gewagt, trotz Wind- und Salzbelastung auf dem nährstoffarmen Hügel Bäume anzupflanzen. Der wackere Lehrer Altmann, an den heute noch eine Art Hinkelstein erinnert, hatte in trockenen Zeiten milchkannenweise Gießwasser den Berg hinaufgebracht, und heute profitierten min- destens ein Reh, haufenweise Spaziergänger, Jogger und, es ist wohl wahr, so manch ein Nordic Walker von dem inzwischen hohen Gehölz mit den großzügi- gen Waldwegen.

Man grüßte sich. Das ist allerdings noch kein Anzei- chen für eine Verschwörung der Leute mit den alber- nen Stöcken, sondern eine Besonderheit des dünn besiedelten Nordfrieslands. Wenn man hier jemandem begegnete, dann freute man sich und sagte „Moin", egal ob zu Bekannten oder Fremden. Manchmal auch „Moin, Moin!". Ob das nun die Steigerungsform für tatsächlich gute Bekannte war oder vielleicht nur Aus- druck der besonderen Gesprächigkeit des Grüßenden, war mir nie ganz klar. Tante Lisbeth entschied sich bei den uns entgegenkommenden Walkern jedenfalls für die kurze Variante, aber das sicher nicht aus Atemnot.

Ihr „Workout" zog sie nämlich in genau dem Tempo durch, das sie auch zum Brötchenholen an den Tag legte. Meinen spöttischen Blicken begegnete sie mit eiskalter Contenance.

„Man darf nur so schnell gehen, dass man sich noch gut unterhalten kann. Sonst kommt man in den anaeroben Bereich!", dozierte sie und pfählte mit ihrem linken Stock eine verirrte Nacktschnecke. Angewidert verzog ich den Mund.

„Ja, ja, das ist die Hölle!", missverstand sie mich. „Da übersäuern die Muskeln, und am Ende bricht man ein, wie Jan Ullrich damals in den Pyrenäen!" Na, von diesem Erlebnis waren wir noch mindestens so weit entfernt wie vom französischen Gebirgspass Col du Tourmalet.

„Na denn, statt zu plaudern, können wir ja auch üben. Also, wie heißt der höchste Berg der Pyrenäen?"

Oha, damit hatte ich jetzt nicht gerechnet. Jetzt ging das Ausfragen los. Ich holte erst mal tief Luft.

„Das muss schneller gehen! Du weißt aber schon, was die Pyrenäen sind, oder? Das sind die Berge zwischen Frankreich und IIIIEEEEHHH!" Tante Lisbeth schmiss mir ihren linken Stock vor die Füße. Sie hatte mit ihm herumgefuchtelt, offenbar, um mir die Geografie Südwesteuropas zu veranschaulichen, und dabei erst die suppige Schnecke an seiner Spitze gesehen.

Ich nahm das Ding – den Stock, nicht das Tier – und schubberte Letzteres an den Farnen am Wegesrand ab. An Tante Lisbeths Handgelenk fing es derweil aufdringlich an zu piepsen.

„O Gott, mein Pulsmesser! Ich bin anaerob!" In Tante Lisbeths Augen flackerte die Panik. Hektisch drehte sie sich um sich selbst. Kein Versorgungsfahrzeug in Sicht. Dafür ein Stück weiter vorn eine Bank.

„Ein Kollaps! Muss mich setzen!", rief sie und stürzte los.

Der Schneckenschock und dieser – erstmalige – Lauf trieben ihren Puls weiter nach oben. Es piepste unaufhörlich, auch als sie schon saß.

„Was mach ich nur? Was mach ich denn jetzt?" Verängstigt, mit durchgedrückten Armen und angespannten Schultern blickte sie mich von ihrer Bank aus an.

„Atmen", schlug ich vor.

Horst Evers

Was anders ist

Wenn ich früher nachts, vielleicht ein wenig angetrunken und vielleicht auch in eigenartiger Stimmung nach Hause kam, habe ich in der Regel noch ein wenig auf den Fernseher eingeredet, den einen oder anderen Wäschehaufen beschimpft, in alkoholseliger Spendierlaune zwei, drei Blumen bis an den Rand des Ertrinkens begossen und eventuell noch ein wenig obszöne Gesten vor dem Spiegel geübt. Dann bin ich aber irgendwann eingeschlafen und später auch ins Bett gegangen. Damit war's dann gut. Höchstens der Spiegel hat sich am nächsten Morgen gerächt. Das war oft nicht schön anzusehen, aber es blieb ja unter uns.

Wenn ich jedoch heutzutage nachts, angetrunken, in eigenartiger Stimmung nach Hause komme, kann ich noch mit der ganzen Welt Kontakt aufnehmen. Und das ist nicht gut.

Ich kann bei eBay einen Trecker ersteigern, langjährige Freundschaften mit einer E-Mail beenden oder auch Fotos von seltenen Hautkrankheiten auf meine Homepage stellen. Natürlich kann ich auch arglosen Freunden kleine Lieder auf ihren Anrufbeantworter singen: „Hallihallo, was hältst du von dieser Liedidee? Lall lala laaa … wir sind die lustigen … lall la laaa … und dann halt so weiter. Meinst du, die Ironie wird klar?" Und wenn ich wirklich noch so richtig länger was von dieser Nacht haben will, kann ich auch der festen Überzeugung sein, dass ich zwar ein bisschen angetrunken bin, deshalb aber doch noch immer in der Lage, aber so was von aber hallo dermaßen in der Lage, den Anrufbeantworter absolut seriös und vollständig, aber so richtig neu zu besprechen …

Die Stimme der Anruferin klang etwas unsicher. Sie sei sich nicht sicher, ob sie wirklich die richtige Nummer gewählt habe. Aus der Anrufbeantworteransage gehe das nicht ganz deutlich hervor. Jedenfalls würde sie gerne mal mit mir über die Fotos auf meiner Homepage sprechen. Ihr habe sich der tiefere Sinn nicht erschlossen, aber vielleicht könne sie mir helfen.

Schaue auf die Homepage und scheitere gleichfalls beim Versuch, einen Sinn zu ermitteln.

Im Fax liegt die Bestätigung für einen Karibikflug. Was will ich da denn? Na ja, wahrscheinlich ist mir letzte Nacht irgendwie kalt geworden. So weit verständlich. Höre dann die Anrufbeantworteransage ab: „Ja, hallo hier ist … hier ist … hier ist der Anschluss, hihi … der Anschluss … wieso rufen Sie an? Mal sagen … jetzt … nach dem … ach, machen Se doch, wie Se wollen – piep."

Rufe die Frau zurück und erkläre ihr, dass mein Cousin für ein paar Tage bei mir wohnt. Gestern hat er sich wohl etwas zu sehr dem Berliner Nachtleben hingegeben und hier dann noch einigen Unfug veranstaltet. Werde ihm die Nummer weitergeben, glaube aber nicht, dass er sich helfen lassen wird. Er ist sehr dickköpfig.

Hinterher storniere ich den Karibikflug und gehe dann in die Küche. Sehe, dass mein Cousin offensichtlich in der Nacht auch noch versucht hat, alte Nudeln mit Sauce aufzubraten. Die Saucenspur führt vom Herd zum Tisch, wo die halb leere Pfanne steht. Meine, an der Anordnung der Nudeln auch noch den Abdruck eines Gesichts zu erkennen. Gehe ins Bad und bekomme Gewissheit. Der Cousin hat auch noch versucht, sich zu waschen.

Will gerade den Anrufbeantworter neu besprechen, als das Telefon schon wieder klingelt. Mein Nachbar beschwert sich, ich hätte in der letzten Nacht im Treppenhaus eine halbe Stunde lang: „Lalla la la laaa wir sind die lustigen … lalalaaa …" gesungen. Er glaubt nicht, dass der Song was taugt, und droht mir im Übrigen Prügel an. Erkläre ihm alles und lege auf.

Rufe dann meinen Cousin an und frage, ob er nicht Lust hat, für ein paar Tage nach Berlin zu kommen. Ich zahle auch die Bahnfahrt. Er muss dafür nur behaupten, er sei schon seit drei Tagen hier, und ein kleines Liedchen lernen. Er ist skeptisch. Langwierige Verhandlungen folgen …

Man kann es drehen und wenden, wie man will, aber irgendwie ist das Leben anders geworden. Nicht wirklich besser, auch nicht wirklich schlechter, aber anders, anders schon.

India Knight

Willkommen im Club

Hier eine Liste einiger Dinge, die sich aus Altersgründen – ich bin sechsundvierzig – bei mir eingeschlichen haben.

a) Ich stoße Geräusche aus, wann immer ich mich hinsetze oder bücke. Häufig klingt das wie „ächz!", obwohl mir das Hinsetzen oder Bücken nicht die geringsten Beschwerden bereitet. Körperlich ist bei mir alles in bester Ordnung. Eigentlich bin ich sogar ziemlich gelenkig. Manchmal halte ich mir den Rücken, um die Sache noch zu betonen. Außerdem stöhne ich genüsslich, und zwar recht laut – „oh" –, wenn ich mich ins Bett oder in die Badewanne lege.

b) Ich frage laut und entrüstet: „Wer sind denn bloß diese Leute?", wenn ich eine Klatschzeitschrift aufschlage. Hin und wieder zeige ich auch mit dem Finger auf die Fotos. Noch vor drei Jahren konnte ich jeden in Heat abgebildeten Menschen beim

Namen nennen und seine Kurzbiografie herunter-
rattern: „Und das da ist Dyamondé, die sich von
Loin hat schwängern lassen, du weißt schon, dem,
der mit Pipette gegangen ist. Das ist die, bei der die
Silikontitten den Geist aufgegeben haben. Du musst
besser auf dem Laufenden bleiben!"

c) In den seltenen Fällen, in denen ich die Leute
erkenne, murmle ich Unheil verkündende Kassan-
drasätze wie: „Das nimmt sicher ein schlimmes
Ende mit denen."

d) Beim Betreten eines unbekannten Restaurants jam-
mere ich: „Huch, was für eine schreckliche Akus-
tik", als ob ich schwerhörig wäre, was nicht zutrifft.
Zur Betonung beuge ich mich demonstrativ vor und
spreche übertrieben laut. Dabei schneide ich Grimas-
sen und rede gaaanz langsam und deutlich, um eine
nicht vorhandene Hörbehinderung zu simulieren.

e) Ich habe absolut kein Interesse daran, neue
Bekanntschaften zu schließen, zum Beispiel auf
Partys. Natürlich bin ich zwar höflich, erspare mir
aber das Tamtam mit dem Austauschen von Tele-
fonnummern und E-Mail-Adressen.

f) Ich fühle mich zu alt für Hochzeiten und denke mir: „Eigentlich sollte ich hingehen, aber, uff, das wird sicher ein sehr langer Tag." Plus: siehe auch e).

g) Angesichts der meisten – wenn auch nicht aller – Hochzeiten sage ich mir: „Schon gut, ich wünsche allen Beteiligten viel Vergnügen." Wie eine alte Hexe.

h) Ich kann mir die Namen anderer Leute nicht mehr merken und wünsche mir, ich wäre schräg genug drauf, um einfach nur „Schätzchen, darf ich dir Schätzchen vorstellen?" zu sagen. Bin sowieso nicht mehr so schräg drauf wie früher.

i) Die Katerattacken dauern inzwischen zwei Tage. Manchmal sogar drei. Wir sprechen hier vom Liegen im abgedunkelten Zimmer, während sich die Axt eines Henkers in meinen Schädel bohrt und verschreibungspflichtige Schmerztabletten angesagt sind. Außerdem literweise Wasser.

j) Ich ertappe mich bei der Frage, wie es geschehen konnte, dass Menschen in Führungspositionen plötzlich jünger sind als ich. Dazu gesellt sich der starke Verdacht, dass hier etwas mächtig schiefgelaufen ist – ein Riss im Zusammenhang von Zeit und Raum, eine entsetzliche hyperabnormale Anomalie – und dass das doch jemandem auffallen müsste, der es dann in Ordnung bringt.

k) Ich stelle fest, dass die jungen Leute über Achtziger sprechen so wie ich damals über die Fünfziger – das heißt, in Form einer eher anthropologisch ausgerichteten Erörterung einer prähistorischen Epoche. Weiterhin habe ich bemerkt, dass es die Filme meiner Jugend inzwischen als Remakes gibt. Dasselbe gilt für Kleidung.

l) Mein Interesse am Wetter hat zugenommen, und zwar derart, dass ich immer häufiger darüber rede und nachdenke. Ich reagiere auf das Wetter wie auf ein menschliches Gegenüber – oder besser, einen Freund: Ich bin empört, wenn es regnet, und habe Angst, bei Schnee auszurutschen, obwohl ich Schnee über alles liebe und Schuhe mit extra-rutschfesten Sohlen trage.

m) Gleichzeitig habe ich ein starkes Interesse an der Natur entwickelt, obwohl ich als junge Frau eine eingefleischte Städterin war, die wirklich keine Ahnung hatte, wozu wir das flache Land überhaupt brauchen. Ich empfinde Freude beim Anblick von Pilzen, lächle Bäume an und betrachte Blätter. Außerdem beobachte ich nachdenklich Schafe, fotografiere Wolkenformationen und lerne ihre Namen auswendig.

n) Dafür hat mein Interesse an Babys nachgelassen, sofern sie nicht mit mir verwandt sind. Manchmal finde ich diese Babys sogar ein wenig anstrengend, nicht mehr – wie früher – absolut niedlich. Sobald sie wieder weg sind, seufze ich und mache mir erst einmal eine Tasse Tee.

o) Ach, ja, Tee. Literweise. Ganze Bäche aus Tee.

p) Ich bin auf ungesunde Weise auf den eigenen Stuhlgang fixiert, verspüre Freude, wenn „es klappt", und Gereiztheit, wenn mir meine morgendliche Sitzung verweigert wird. Bin so begeistert von dieser neuen Beschäftigung – man könnte es beinahe Hobby nennen –, dass ich keine Scheu habe, mit Freundinnen darüber zu sprechen. Und das, obwohl jeder Mann, mit dem ich je im Bett war, in dem Glauben gewiegt wurde, dass ich niemals kacke noch pinkle, weil Märchenprinzessinnen so etwas nicht tun.

q) Habe häufig das Gefühl, dass die Auswahl viel zu groß ist, und ertappe mich mit dem Wunsch, dass da nur zwanzig Paar Schuhe wären, zwischen denen ich mich entscheiden muss, keine zweihundert. Wünsche mir außerdem, dass Kaffee einfach nur Kaffee wäre, in höchstens drei Variationen, und dazu nur eine Sorte Milch. Ziehe inzwischen kleine Läden den Kaufhäusern vor, obwohl die für mich früher das Paradies waren. Sehne mich nach Verkäuferinnen, die nicht meine Töchter sein könnten. Bevorzuge den mütterlichen Typ.

r) Beim Belauschen junger Leute stelle ich nicht begeistert fest, dass die Sprache wächst und sich weiterentwickelt, sondern denke: „Die Sprache ist tot, und ihr habt sie ermordet." Habe mich außerdem zur tyrannischen Rechtschreibfetischistin entwickelt und setze miserable Orthografie mit Dummheit gleich. Bin zur Grammatikpedantin geworden und sage Dinge wie: „Kann man überhaupt denken, wenn man nicht mal weiß, wie man richtig schreibt?"

s) Nach drei Jahrzehnten Abwesenheit schießen mir plötzlich Zeilen aus Gedichten durch den Kopf, die ich in der Schule gelernt habe. Nicht schlecht. Das Gleiche gilt für Kirchenlieder. Setze mich außerdem immer wieder mal in eine Kirche und fühle mich dann absolut mit mir selbst im Reinen, obwohl ich eigentlich nicht besonders fromm bin.

t) Gute Manieren gewinnen für mich an Bedeutung. Das ist nichts Neues, nur dass mich inzwischen ein heiliger Zorn packt, wenn die Leute nicht Bitte und Danke sagen. Dann erledige ich das für sie, und zwar in einem scheußlich sarkastischen, altjüngferlichen Ton. Apropos: Habe übrigens festgestellt, dass das Adjektiv „alt" den Beleidigungsfaktor einer Äußerung merklich erhöht.

u) Bin zur Erkenntnis gelangt, dass ich schon mehr als die Hälfte meines … nun, ja … meines Lebens hinter mir habe. Ein Gedanke, den ich mit aller Macht verdränge.

v) Gerate in Wut beim Anblick von auf die Straße geworfenen Abfällen und Hundehäufchen. Verfolge Leute, die ihre Hinterlassenschaften nicht aufsammeln, und flöte so lange im Singsang „Hallo?", bis sie mich zur Kenntnis nehmen müssen.

w) Wenn ich, völlig harmlos und unschuldig, mit einem Kellner flirte, zeigt sich manchmal Verirrung auf seinem Gesicht, und mir wird klar, dass er denkt, ich könnte seine Mutter sein.

x) Ich bin sicher, dass jemand meine jüngste Tochter, die ich mit achtunddreißig bekommen habe, eines Tages fragen wird, ob ich ihre Oma bin. Noch nicht jetzt. Aber irgendwann.

y) Ich recke die Brust und ziehe die Nase hoch, um mein Missfallen zu bekunden.

z) Nein, noch nicht ganz. Der letzte Punkt trifft noch nicht zu. Doch das ist nur eine Frage der Zeit.

Stefan Maiwald

Altersarmut, here I come

Falls Sie an Ihrem nächsten runden Geburtstag eine große Fete steigen lassen wollen, sollten Sie mir jetzt gut zuhören. Eins kann ich Ihnen gleich sagen: Wenn Ihnen Ihre geistige Gesundheit lieb ist, tun Sie's lieber nicht.

Meine Frau wurde im letzten Sommer vierzig Jahre alt, und wenn ich an das Fest zurückdenke, zuckt noch jetzt mein rechtes Augenlid. Runde Geburtstage sind auf der ganzen Welt etwas Besonderes, in Italien sind sie jedoch noch ein wenig besonderer. Alle Beteiligten verbringen Monate mit den Vorbereitungen, reißen sich dabei schier ein Bein aus und verschulden sich dafür bis in die Enkelgeneration.

Ja, man könnte fast meinen, Geburtstage mit einer neuen Ziffer vor der Null richtig pompös zu feiern sei eine italienische Eigenheit, genauso wie Kulturdenkmäler verfallen zu lassen und virile Ministerpräsidenten wiederzuwählen.

Zuerst einmal wurde ich Opfer der geografischen Lage. Ich – „eingekaufter" Italiener – lebe mit meiner

Familie auf Grado nahe Triest. Die Insel wird von der Adria und einer mäßig salzhaltigen Lagune umschlossen, die sich, grob gesprochen, bis Venedig zieht und in der viele kleine Inseln liegen, auf denen allerdings keine von Tiepolo ausgemalten Renaissancekirchen stehen, sondern nur ein paar Fischerhütten mit Plumpsklo, in denen wellige ‚Playboy'-Kalender aus dem Jahr 1997 hängen. Meine Frau hatte nun die Idee gehabt, die Geburtstagsparty am 6. August auf einer dieser Inseln stattfinden zu lassen. Eine schöne Idee, keine Frage. Wenn man nicht selber den Gastgeber spielen muss: Schaffen Sie erst mal Getränke, Gläser und Klopapier für dreihundert Leute mit einem leckenden Vier-Meter-Kahn auf eine dieser Inseln. Besagte Insel lag zwar nicht weit von Grado entfernt, aber zwei Tage und vierzehn Fahrten dauerte es dann doch. Nicht, dass ich was anderes zu tun gehabt hätte. Klar, ein gepflegtes kühles Bier am Strand wäre ja im heißen Urlaubsmonat August auch allzu naheliegend gewesen. Für das Essen beauftragten wir immerhin einen Catering-Service. War nicht ganz billig, aber was man in Italien beim Autokauf spart (Fiat statt Audi), gibt man dann eben für so was aus.

Dann musste die Party meiner Frau natürlich unbedingt unter einem Motto stehen. Das Motto, für das sie sich entschied, lautete „Pink Touch". Jeder Gast sollte was Pinkfarbenes tragen, und dass Pink nicht Rosa ist, musste ich mir erst von unserer achtjährigen Tochter erklären lassen. Ich kaufte mir also ein pinkfarbenes Hemd für hundertzwanzig Euro, denn Pink ist eine Farbe, die es ausschließlich von lispelnden Designern gibt, die, wie Gott, nur einen Namen haben. Oder kennen Sie die Vornamen von Gucci, Prada oder Fendi?

Und das sollte nicht meine letzte Großinvestition sein, denn ich brauchte ja noch ein Geschenk, was mich einigermaßen unter Druck setzte. Was würde „der Deutsche" seiner Frau wohl zum vierzigsten Geburtstag schenken? Ich musste für ein ganzes Volk geradestehen, das in Italien aus vielen Gründen geschätzt wird, aber ganz sicher nicht wegen seiner Großzügigkeit.

Bei Geschenken in Italien gilt nämlich: Seien Sie spendabel. Es muss richtig, richtig wehtun, egal, zu welcher Party man geht. Diese Schenkerei ist einerseits sehr spaßig, denn es bedeutet, dass man zum Geburtstag von nicht blutsverwandten Tanten plötzlich einen Flachbildfernseher oder einen Titanium-Golfschläger geschenkt bekommt, andererseits wird die gleiche Freigebigkeit aber auch von einem selbst erwartet, und so überreicht man besagter Tante zu ihrem Geburtstag dann eben einen violetten Pullover aus vierfach gezwirnter Seide oder ein iPad. Dieser ungeheure Warenkreislauf hält die italienische Wirtschaft in Schwung, die die globale Finanzkrise bislang (Stand: Frühsommer 2011) ja auch verhältnismäßig gut überstanden hat, trotz einer in Trümmern liegenden Regierung, deren Vertreter vor lauter Slips auf ihren Schreibtischen kaum noch die täglichen Bulletins lesen können.

Bis zum 5. August kam ich jedoch gar nicht dazu, mir ein Geschenk für meine Frau zu überlegen, denn ich hatte mit den Vorbereitungen einfach zu viel zu tun. Zum Beispiel musste ich ungebetene Gäste abwimmeln. Ich gelte als Diplomat der Familie und wurde deshalb mit folgendem Problem konfrontiert: Selbst wenn man dem ganzen Dorf (rund zweihundertfünfzig Leute) Einladungen schickt – abgesehen von den Babys, den Siechen und den Lahmen –, vergisst man immer irgendeinen entfernten Bekannten, der zwar schon vor zwei Jahrzehnten ins Ausland gezogen ist, ausgerechnet zu deiner Party aber zurückkommen will und sich deshalb lauthals beschwert. Als nun Anrufe unangenehmer Menschen drohten, übernahm ich das Telefon. Immerhin konnte ich meine unvollkommenen Sprachkenntnisse vorschieben. Und wenn nicht mal das half, die grobmaschige Netzabdeckung der Insel ...

Am Morgen des 6. August musste ich also gar nicht erst schweißgebadet erwachen. Vor lauter Grübeln über die ultimative Geburtstagsgabe hatte ich ohnehin nicht geschlafen. Außerdem klingelten schon ab sieben Uhr die Blumenhändler aus dem Ort. Es ist wohl sinnlos, gegen hochgezüchtetes Gestrüpp als Geschenk zu wettern, aber man darf doch erstaunt sein, dass selbst jene Leute Blumen schickten, die später noch zum Fest eingeladen waren, mithin also doppelt gaben. Machen sich meine geliebten Italiener damit nicht ein bisschen viel Stress? Man hat doch schon genug Mühe mit einem Geschenk, dachte ich kopfschüttelnd. Oder gibt es Dienstleister, die so was für einen erledigen, wie die legendären galoppini, die einem in den italienischen Großstädten für ein paar Euro die Behördengänge abnehmen oder zumindest eine günstige Wartenummer zuschieben? (Eine bessere Wartenummer kostet in Neapel derzeit fünf Euro. Wer jemals in Deutschland drei Stunden auf die Erneuerung seines Führerscheins gewartet hat, wünscht sich ganz sicher eine ähnlich mediterrane, äh, Eleganz in diesen Dingen.)

Während sich unsere Wohnung also in ein Gewächshaus verwandelte und allmählich wie ein Komposthaufen zu riechen begann, flüchtete ich, um meiner schon ungeduldig wartenden Herzensdame endlich ihr Geschenk zu besorgen.

Grado ist kein guter Ort, um Geschenke zu kaufen, vor allem nicht im August, wenn sich das Feriengastaufkommen und die Preistreiberei proportional zueinander verhalten. Falls Sie mir jetzt mit einer Geschenkidee aushelfen wollen, sollten Sie wissen, dass meine Frau keine Romantikerin ist und mit immateriellen Aufmerksamkeiten nicht viel anzufangen weiß. Ein Herz, von einem Flugzeug in den Himmel geschrieben – sie würde sagen: „Wie nett, und wo ist mein Geschenk?", und sich dann suchend umdrehen. Mir blieb also nur der direkte Weg zum Juwelier, um dort das Teuerste auszusuchen, was in der Auslage zu finden war.

Der Juwelier hatte mich die letzten Jahre immer auffällig freundlich gegrüßt, wann immer ich an seinem Geschäft vorbeigegangen war und er draußen eine Zigarette geraucht hatte. Jetzt wurde mir klar: Er hatte nicht freundlich gelächelt, sondern wissend. Denn er hatte es genau gewusst: Eines Tages würde ich bei ihm auftauchen – und eine neue Einbauküche finanzieren. Ich schenkte meiner Frau also eine Perlenkette. Unbegreiflich, warum sie so viel kostete, Perlen sind schließlich nichts anderes als Muschel-Gewölle. Die konkrete Summe kann ich zwar aus Gründen des Anstands

nicht nennen, doch so viel sei verraten: Meine Rück-
lagen für die Rente habe ich damit vollständig aufge-
braucht. Sollte ich morgen erwerbsunfähig werden,
müsste ich in der Fußgängerzone Mundharmonika
spielen. Aber wenn die Gesundheit mitspielt, habe ich
ja Zeit, wieder fleißig zu sparen. Zumindest bis zu
Lauras fünfzigstem Geburtstag.

P.S. Mein vierzigster Geburtstag steht unmittelbar
bevor. Ich will an dem Tag eigentlich auf eine einsame
Berghütte mit Privatstrand und angeschlossenem
Golfplatz flüchten, nur mit Frau und Kindern. Aber
am besten wäre wohl, meine Frau daheim zu lassen,
denn ich ahne es schon: Egal, wo ich den Tag verbringen werden, sie wird mir eine Überraschungsparty mit
Big Band, Clowns, Einradfahrern und Feuerschlu-
ckern organisieren. Und das zuckende Lid wird zum
eingeschliffenen Tic, den ich mit ins Grab nehmen
werde.

Axel Hacke

Hundert werden
ohne Reue

Was den Tod angeht, so halte ich es mit Woody Allen: „Ich möchte nicht durch meine Werke unsterblich werden. Ich möchte unsterblich werden, indem ich nicht sterbe."

Seit Jahren sammle ich deshalb Artikel über Menschen, die mehr als hundert Jahre alt geworden sind. Ich streiche mir rot an, was sie über ihre Lebensweise verrieten. Eine Auswahl: Viel Knoblauch. Viel häkeln. Niemals häkeln. Viel trinken. Wenig trinken. Regelmäßig trinken. Rotwein. Tee. Keine Aufregung. Sich begeistern. Viel Nüsse. Keinen Wecker haben. Früh aufstehen. Viel Sport. Kein Sport. Bisschen Sport. Immer arbeiten… Ich probiere alles aus, irgendwas wird schon helfen. Falls ich doch nicht unsterblich werde, soll man mir die Liste mit ins Grab geben. Vielleicht kann man sich irgendwo beschweren damit.

Zum Beispiel hatte ich eine Phase, in der ich, einer Aufforderung aus der näheren Verwandtschaft zu besserer Ernährung folgend, jeden Tag Müsli zu mir nahm. Die Folge: Ich begann, unter entsetzlichen Blähungen zu leiden. Kennt jemand diesen Werbespot, in dem ein dicker Mann, in einem Whirlpool sitzend, eine Tablette zu sich nimmt, worauf das Wasser schlagartig zu sprudeln aufhört? Es handelt sich um Reklame für ein Medikament gegen Flatulenzen. Der Mann im Wasser hätte ich sein können. Allerdings nahm ich nicht die Tabletten, sondern hörte auf, Müsli zu essen. Lieber doch sterben, dachte ich, als wie ein Furzballon durchs Leben zu schweben.

Bruno, mein Freund, sagt, das sicherste Rezept für ein langes Leben sei seiner Meinung nach, jede Minute zu genießen und viel zu lachen. Der Körper bekomme auf diese Weise lauter positive Nachrichten und werde motiviert, es länger als andere Körper zu machen. Das erinnere ihn, sagte Paul, mein anderer Freund, an seine Mutter, die bei jeder Mahlzeit gerufen habe: „Esst nicht so hastig, Kinder, ihr müsst genießen!" Er hätte daraufhin, sagt Paul, am liebsten gerufen: Was genießen, Mutter!? Den Fraß, den du heute wieder gekocht hast?" Das ging aber nicht.

Im Übrigen rief die Mutter bei jeder Urlaubsfahrt mit dem Auto: „Genieße diese herrliche Landschaft, Junge! Vielleicht siehst du so etwas nie wieder!" Paul dachte, sie verheimliche ihm, dass er an einer tödlichen Krankheit leide. Dabei meinte sie nur, er werde möglicherweise nie wieder hierherkommen. Urlaubsreisen waren damals ja noch die Ausnahme, nicht die Regel, wie heute.

In Amerika erschien vor einiger Zeit ein Buch, in dem behauptet wird, es gebe sozusagen zwei Arten von Alter: das kalendarische und das tatsächliche, welches sich aus der Art der Lebensführung errechne. Wer also zum Beispiel mehr als zwanzig Schachteln Zigaretten pro Jahr rauche oder in einem Zimmer mit einem Raucher arbeite, sei drei Jahre älter, als in seinem Pass stehe. Wer zweimal Fisch pro Woche esse, dürfe dafür wieder ein Jahr abziehen, wer täglich Sport treibe, noch einmal 18 Monate. Erstaunlich: Männer, die mehr als dreihundert Orgasmen pro Jahr haben, dürfen sich drei Jahre jünger fühlen…

Dreihundert Orgasmen pro Jahr?! Herrje, und wir haben schon Mai! Entschuldigung, einen Moment…

Ja, jaaa, oh, oooh, ooooooh, jaaaaaaa… Was steht noch in dem Buch? Mehr als der tägliche Höhepunkt bringe nur regelmäßige Zahnpflege. Das macht sechs Jahre jünger. Mein Tipp für heute: Zahnseide nach dem Sex macht neun Jahre jünger. (Vorsicht bei Personen unter 25 Jahren: Rückfall in die Pubertät möglich!)

Markus Barth

Ich geb dir mal die Lotti

„Du musst deinen Festnetzanschluss abmelden", sagte meine dreijährige Nichte und sog an ihrer Zigarette. „Anders kriegen wir das Problem nie in den Griff!" Dann legte sie auf. Ich stand noch eine Zeitlang mit dem Hörer in der Hand verdattert in meinem Wohnzimmer und fragte mich, was da eigentlich grade passiert war.

Aber von vorne.

Ich habe ein iPhone, und damit kann man eigentlich alles machen, außer telefonieren. Es ist paradox: Dieses Gerät kann Musik erkennen, Barcodes lesen, Bahnverbindungen heraussuchen und Fotos von meinen Freunden zu fetten Jabba-the-Hutt-Doppelgängern verzerren. Aber eine Telefonverbindung herzustellen und länger als drei Sekunden zu halten, das ist damit leider nicht möglich. Jedes Gespräch, das ich führe, endet mit einem: „Hallo?... Hallo? Ich kann dich grade ganz schlecht... Oh, jetzt biste wieder … nee, doch nicht … Ich versuch's später noch mal, okay?" Es liegt auch nicht am mangelnden Empfang. Ich wohne ja nicht im Hunsrück, wo Empfangsbalken noch aus Holz geschnitzt werden. Ich wohne in der Stadt! Ich habe Empfang zum Totschmeißen! Aber es ist völlig egal, wie fröhlich sich die fünf kleinen Striche auf meinem Display in die Höhe recken. Ich kann mich auch direkt unter einen Sendemast setzen oder mich neben den Angerufenen stellen, meine Gespräche klingen trotzdem immer wie Hilferufe aus nordafrikanischen Krisengebieten. Anscheinend ist Apple irgendwann in den letzten Jahren völlig unbemerkt aus der Telefonie-Branche ausgestiegen und hat sich ganz auf die Willenlose-Deppen-mit-überflüssigen-Apps-von-der-Arbeit-abhalten-Branche konzentriert. Ein extrem zukunftsträchtiger Markt, kein Zweifel, aber vielleicht sollte man dann konsequenterweise bei Gelegenheit mal das „Phone" aus dem „iPhone" streichen.

Ich wollte das Ding auch mal umtauschen, stand schon im T-Punkt, mit der Rechnung in der Hand und einer überzeugenden Umtausch-Strategie im Kopf („Sie geben mir sofort ein neues Telefon, oder ich nagle Sie an das rosane ‚T' vor Ihrem Laden!", wollte ich sagen.

Wie man halt so sprechen muss mit der Deutschen Telekom, wenn man was erreichen will). Aber kurz bevor ich dran war, fiel mir ein ganz entscheidender Punkt ein: Ich *will* ja eigentlich gar nicht telefonieren!

Es ist die traurige Wahrheit und wird mit zunehmendem Alter immer schlimmer: Ich bin froh über jedes Telefongespräch, das ich nicht führen muss. All das Geplapper und Gebrabbel, all die Leute, die „nur mal kurz" was von mir wollen. Warum warten die nicht, bis sie mal *lange* was von mir wollen, und schreiben mir dann eine E-Mail? Denn mit dem Handy zu telefonieren ist ja auch eine körperliche Herausforderung: Im Winter muss man erst mühsam die Handschuhe ausziehen, und dann frieren einem die Finger ab. Im Sommer dagegen glitscht das Ding schwitzig in der Hand, und es gibt so ein kleines Schmatzgeräusch, wenn man es vom Ohr wegzieht. Am schlimmsten finde ich Anrufe von sogenannten „Ohrwechslern". Das sind Menschen, die so lange Gespräche mit einem führen, dass man das Ohr wechseln muss, weil es einem sonst wegglüht.

Wegen genau solcher Anrufe habe ich also mein empfangsschwaches Handy behalten. Mittlerweile wissen alle, dass es keinen Sinn hat, mich darauf anzurufen, und schreiben mir lieber eine E-Mail. Falls ihnen dann überhaupt noch einfällt, was sie „nur mal kurz" von mir wollten.

Leider verfüge ich auch noch über einen Festnetzanschluss. Und der funktioniert einwandfrei. Ich vergesse das immer wieder, bis ich dann sonntags gemütlich auf der Couch liege und irgendwann vom mehrstimmigen Melodien-Inferno meines „Siemens Gigasets" geweckt werde.

Leute, die mich auf dem Festnetz anrufen, unterscheiden sich deutlich von den Handy-Anrufern und lassen sich im Grunde in drei Gruppen aufteilen:

1. Menschen,
denen ihr eigener Anruf unangenehm ist.
Meistens sind das enge Familienmitglieder, die, wenn ich mich endlich von der Couch aufgerappelt und das Telefon irgendwo zwischen den Kissen gefunden habe, hektisch in den Hörer brüllen:

„Markus! Sag nix, ich stör dich, oder?"

„Ähm, nein, ich …"

„Nee, komm, ich hör doch, dass ich dich störe. Ich hab dich bestimmt grade irgendwo hergeholt, oder?

Warste grade sehr beschäftigt? O Mann, das tut mir echt leid. Weißte was? Ich ruf einfach später noch mal an. Mach's gut. Und sorry noch mal, ist mir echt total peinlich."

2. Menschen,
die grade irgendwo so gemütlich zusammensitzen.

Das sind eher entfernte Verwandte, die mich anrufen und dann sagen: „Markus, schön, dich zu hören. Hier sind deine Großtante Ilse und der Werner aus Dittelbrunn. Wir sitzen hier gerade so gemütlich zusammen mit deinen Großcousins Hennes, Michi und Bernd und unserer Nachbarin, der Margot, essen Zwiebelkuchen und trinken Federweißen, und da dachten wir, wir rufen dich einfach mal an."

„Ja … das ist schön … Ähm … also …"

„Warte mal, ich stell dich mal auf laut."

(Wenn Sie mich mal richtig, richtig in den Wahnsinn treiben wollen, dann rufen Sie mich bitte an und stellen mich „auf laut". Ab dann kann nämlich, mikrophonbedingt, immer nur einer der Anrufteilnehmer gleichzeitig sprechen, was aber nie klappt, sodass die Gespräche meistens in einem Beckett'schen „Ich hab …" – „Was wolltest …" – „Hallo?" – „Nee, sprich du erst …" – „Ich … Hallo?" enden.)

3. Meine Schweige-Schwägerin.

Meine Schwägerin Monika ruft mich regelmäßig an, um folgendes Gespräch mit mir zu führen:

Sie: „Hallo, da ist die Monika."

Ich: „Hallo, Monika!"

Pause.

Pause.

Pause.

Ich: „Ähm... Wie geht's denn so?"

Sie: „Gut."

Pause.

Pause.

Pause.

Ich: „Und... was treibst du so?"

Sie: „Och. Nix."

Sehr lange Pause.

Um's noch mal zu wiederholen: *Sie* ruft *mich* an. Erzählen mag sie mir scheinbar trotzdem nichts. Irgendwann verabschiedet sie sich dann mit einem „Schön, dass wir mal wieder geplaudert haben", und ich frage mich, ob es eigentlich eine offiziell anerkannte Definition von „plaudern" gibt.

Seit kurzem gibt es zu diesem Ritual noch eine Steigerung. Monika ist vor drei Jahren Mutter geworden,

und bevor wir jetzt auflegen, sagt sie immer:
„Wart mal, ich geb dir mal die Lotti!"
Dann raschelt es am anderen Ende der Leitung, und ich
höre ein gehauchtes: „Hallo?"
„Hey, Lotti … Na? Wie geht's dir denn so?"
„Guuuut."
Pause.
Pause.
Pause.

Das war zumindest bisher immer so. Denn vor ein paar
Tagen verlief das Gespräch ein bisschen anders.
Gerade als ich nämlich gefragt hatte: „Und, Lotti, was
haste heute so gemacht?", gerade, als Lotti tief einge-
atmet hatte und ein langgezogenes und ehrlich gesagt
auch ein bisschen gelangweiltes „Gespiiiiiieeeeeelt …"
geseufzt hatte, hörte ich, wie im Hintergrund eine Tür
zufiel.
Und dann sagte eine ganz und gar nicht mehr kindliche
Stimme:
„Okay, Mutti ist raus. Wir müssen reden."
Ich stutzte: „Ähm, mit wem spreche ich gerade?"
„Na, wenn gerade meine Mutter und ich im Zimmer
waren und ich sage ‚Mutti ist raus' – wer ist dann noch
im Zimmer?"

„Lotti? Warum klingst du so ... anders?"

„Weil wir hier ein Problem zu lösen haben, da ist keine Zeit für ‚Kinderquatsch ohne Michael'. Also. Sehens wir's mal, wie es ist: Du hast keinen Bock, mit mir zu sprechen, und ich hab keinen Bock, mit dir zu sprechen. Richtig?"

„Ja, nee, *keinen Bock* trifft's eigentlich nicht", protestierte ich. „Ich mag dich ja, das weißt du doch hoffentlich. Und ich freue mich natürlich wahnsinnig ..."

„Wir haben keinen Bock, richtig?"

„Na gut, vereinfacht kann man das vielleicht so ..."

„So! Dann müssen wir uns jetzt noch überlegen, wie wir das meiner Mutter verklickern. Ich hab schließlich auch Besseres zu tun, als mit dir stundenlang am Telefon zu hängen. Meine Babyborn sieht aus wie Arsch! Ich komme ja nie zum Kämmen, wenn ich ständig für irgendwen irgendwas Süßes in den Hörer brabbeln soll."

„Verstehe ich", sagte ich. „Aber deine Mutter denkt halt, uns macht das Spaß."

Ich höre ein metallisches Klicken im Hintergrund, dann einen tiefen Atemzug.

„*Rauchst* du?", fragte ich.

„Ich muss denken! Das geht einfacher mit Kippe."

Einige Sekunden später sagte Lotti:

„Also pass auf. Könntest du meiner Mutter nicht einfach sagen, dass du Kinder hasst und nichts mit mir zu tun haben willst?"

„Aber das stimmt doch gar nicht. Ich hasse Kinder nicht."

„Warum? *Ich* hasse Kinder, das kann ich dir sagen! Komm mal mit mir samstagmittags auf den Spielplatz im Stadtwald und lass dir von Ruben 1 bis 7 ein Schäufelchen über den Kopf ziehen – danach hasst du Kinder auch, versprochen!"

Ich überlegte kurz, dann schüttelte ich den Kopf.

„Nee, Lotti, tut mir leid, ich mag Kinder. Und dich ganz besonders."

„Schleimer. Aber gut. Dann müssen wir uns eben was anderes einfallen lassen."

Sie nahm noch einen tiefen Zug von ihrer Zigarette. Dann hatte sie eine Idee:

„Hast du nicht ein iPhone?"

„Ja. Warum?"

„Welche Generation?"

„Die, die immer abstürzt."

„Na, dann haben wir doch schon die Lösung…"

Ich werde meinen Festnetzanschluss jetzt also abmelden. Dann kann ich, wann immer Lottis Mutter mich auf dem iPhone anruft, um mir meine Nichte zu geben, so etwas rufen wie: „Lotti? Ich kann dich nicht… Hallo? … bis du noch … Lotti?" Dann zuckt die Kleine die Schulter, sagt: „Onkel weg!", drückt ihrer Mutter das Telefon in die Hand, und das Problem hat sich erledigt.

Als Nächstes arbeiten Lotti und ich dann an den selbst-gemalten Kinderbildern.

Jenni Zylka

Projekt 123

Früher war alles besser.
Heute ist alles schöner.
      (Klaus & Klaus)

Und morgen wird alles noch viel, viel toller. Ich werde nämlich 123 Jahre alt und damit der älteste Mensch, der je lebte.

Bislang führte die 1875 geborene Jeanne Calment die Liste der ältesten Menschen an, eine Französin, die sich von Olivenöl und Portwein ernährte, sämtliche Ehemänner, Kinder und Enkelkinder überlebte, und mit 90 ihre hübsche kleine Wohnung in der Altstadt von Arles gegen eine monatliche Zahlung einem Notar übereignete: Bis zu ihrem Lebensende wollte der Mann Jeanne jeden Monat 2500 Franc zahlen, dann sollte die Wohnung an ihn übergehen. Der Notar starb 30 Jahre später an Krebs, doch Jeanne lebte immer noch und hatte ihm inzwischen fast eine Million Franc abgeluchst. Sie starb 1997 mit 122 Jahren.

Wenn ich im Jahre 2092 mit 123 Jahren sterbe, habe ich hoffentlich ähnlich vorausschauende Geschäfte tätigen können. Am meisten freue ich mich auf die Centenario-Zeit (ab meinem 100. Lebensjahr), die 2069 beginnt und die ich bereits minutiös geplant habe: Mein Hauptsponsor, der mir jeden Monat unbegrenzt Puffbrause zur Verfügung stellt, wird entweder die kleine Champagnerkellerei „Veuve Emille" aus Avize oder das etwas schniekere Haus „Billecart-Salmon" aus Mareuil-sur-Ay – ich schwanke ein wenig, weil ich beide Sorten sehr gern mag, vielleicht müsste man marketingtechnisch noch evaluieren, zu welchem der Häuser der Slogan „Der Champagner der Centenarios" besser passt.

Weitere Sponsoringverträge werde ich mit verschiedenen Lebensmittelherstellern abschließen, ich denke vor allem an Käse und Schokolade, natürlich mit nachhaltigen Zutaten. Ich werde ab 2069 zudem wöchentlich ein Kulturmagazin namens „Ol' Jenni's Memories", eine Ratgebersendung namens „Frag Ol' Jenni" und die Sport-Mitmachshow „1,2,3 – fit wie Ol' Jenni" streamen – das ist zwar viel Arbeit, aber ein monatlicher Turnus wird den Produzenten zu riskant sein.

Die Sendungen sind allerdings leicht und billig produzierbar, vor allem „Ol' Jenni's Memories" braucht keine besondere Vorbereitung, denn es ist ein schlichtes Format: Ich sitze einfach vor der digitalen Kamera, die so klein ist, dass ich sie mit meinen hundertjährigen Augen eh nicht mehr sehen kann, und erzähle von früher. Fasziniert wird mein Publikum an meinen alten, faltigen Lippen hängen, denn alle anderen alten Menschen sehen inzwischen nicht mehr alt aus, sondern haben sich dank Technik und Chemie konserviert. Doch mein Alter ist mein Kapital, und je stärker meine Stirn Notenlinien ähnelt, desto mehr Musik ist drin.

Ich werde immer wieder ulkige Gimmicks von früher zeigen und erklären: Telefone mit Wählscheibe, Tastaturen, Geräte, die man nicht per Sprache steuern kann, Stifte, gedruckte Bücher. Ich werde erklären, dass man früher über Datensicherheit und digitale Revolution stritt und dass Fliegen teuer war. Dass die Menschen Schreibschrift und Landkartenlesen lernten und dass sie in Deutschland monatlich dafür bezahlten, ein von anderen Menschen ausgewähltes Unterhaltungs- und Bildungsprogramm konsumieren zu dürfen, das man noch nicht mal problemlos überall mit hinnehmen konnte, sondern zu Hause anschauen musste.

Ich werde von den verschiedenen Haarmoden am Kopf, unter den Achseln und im Schritt berichten und dass es eine Zeit gab, in der die Schuhgröße 41 Frauen zur Verzweiflung brachte, weil die Schuhhersteller ignorierten, dass Frauen größere Füße bekamen. Von den vielen Kanzlern, Kanzlerinnen, Präsidenten und Präsidentinnen werde ich erzählen, die ich erleben musste, und dass ich mich noch genau an den Tag erinnere, an dem Donald Trump in der Jimmy-Fallon-Talkshow zu Gast war, und Fallon mit ihm herumwitzelte, als ob der Irre einfach nur ein harmloser Präsidentschaftskandidat wäre – daran erkannte ich, werde ich sagen, dass die USA die ganze Chose unterschätzen.

In meiner zweiten Show „Frag Ol' Jenni" werde ich unter anderem Beziehungstipps geben – mit meinem achten Ehemann, der kurz vorher mit süßen 99 Jahren nach einer letzten heißen Nacht vom Klang der himmlischen Harfen (anstatt von mir) geweckt wurde, werde ich immerhin 21 Jahre zusammen gewesen sein. Der Trick ist, sich etwas Jüngeres zu suchen, werde ich sagen, ganz egal, ob Mann, Frau, dazwischen oder beides. Natürlich werde ich in der Sendung auch konkret Dinge erklären, die einfach niemand mehr weiß: Was war ein Tiger? Was verstand man unter Musikverlagen? Haben die Fische im Meer einen früher nicht beim Schwimmen gestört? Ist man damals wirklich einkaufen gegangen und hat die Waren selbst nach Hause geschleppt? Ist es nicht nervig, wenn man von

Geburtstermin, Geschlecht und Augenfarbe eines Kindes überrascht wird? Was war eine Schallplatte? Und CDs? Wie fühlt es sich an, eine Musikrichtung, eine Mode oder einen Kunststil zum ersten Mal zu erleben? Bei „1,2,3 – fit wie Ol' Jenni" mache ich leichte Fitnessübungen (die meisten Menschen in Industrieländern werden übergewichtig sein, darum wird das alles an meinem dünnen alten Körper phänomenal sportlich aussehen) und verweise darauf, dass das Rauchen einen weiland schlank hielt – da es niemanden mehr geben wird, der Jugendmedienschutz betreibt, darf ich das einfach so sagen. Ich zeige Tantenwinker und Marionettenfalten, überhaupt zeige ich viel, denn das Publikum wird keine untätowierten Erwachsenenkörper mehr kennen und mit einer Mischung aus Erstaunen und Entsetzen meine blasse Haut angucken.

Da ich seit dem letzten Jahrtausend meine gebrauchten Kontaktlinsen aufbewahre, kann ich nebenberuflich ein Kontaktlinsenmuseum namens „Grauer Star" aufmachen. Selbstverständlich wird dies in erster Linie virtuell passieren, aber ich werde die Linsen auch in einem separaten Raum meiner großen Wohnung auf Holzpulten ausstellen und einen kleinen Obolus an Eintritt nehmen. Weil sich Fehlsichtigkeit operativ korrigieren lässt und Brillen nur noch Modeaccessoires sind, werden die Menschen mit Staunen auf die Schilder an den klitzekleinen Wassergläschen schauen, auf denen „Hygroskopische Multifokallinse, 2014–2016" oder „Silikonhydrogellinse, Rechts: -4,5 Dioptrien, Links: -4,75 Dioptrien" steht und in denen die weichen Linsen wie glückliche Wimperntierchen herumschwimmen.

Das „Projekt 123" lässt mich positiv und erwartungsfroh in die Zukunft schauen – eine Zukunft, in der ich zwar älter werde, aber einfach nicht sterbe. Bis zum Jahr 2092. Auf der Ostseite der Pyramide (in der Größenordnung zwischen Cheops und Chephren), die meine Grabstätte wird, soll dann jedenfalls ein Zitat von George Bernard Shaw angebracht werden: „Youth is wasted on the young."

Lisa Ortgies

KakkMaddaFakka
Nachtleben für Fortgeschrittene

Nach 22 Uhr fange ich für gewöhnlich an zu gähnen. Vor ungefähr 20 Jahren habe ich um diese Zeit zu Abend gegessen. Danach ein kleines Sofa-Nickerchen, gefolgt von ein bis drei Espressi, um ab ein Uhr fit und ausgeruht zu sein für eine Tour durch die Clubs und Lounges von Hamburg. Mancher Abend endete um sechs Uhr morgens mit Spiegelei oder Hackbraten in einer der Kiez-Eckkneipen, Tisch an Tisch mit den Luden und Türstehern, die gerade Feierabend machten und ihr Geld zählten. In diesen fünf Stunden habe ich im Schnitt 1500 Kalorien verbrannt. Ich habe die Tanzfläche nicht wieder verlassen, bevor ich a) völlig durchgeschwitzt war – meistens hatte ich ein zweites Shirt in der Handtasche – oder b) mich jemand antanzte, mit dem es sich lohnte, eine Pause zum Quatschen einzulegen.

Die Schulzeit war so etwas wie Vorlauf zu diesem Programm: Zusammengerechnet habe ich wahrscheinlich mehr Netto-Zeit in niedersächsischen Dorfdissen und auf Provinzfestivals verbracht als in der Schule. Man könnte also sagen, ich bin mit und in der Disco groß geworden. Tanzen war in meinen Kreisen jahrelang das wichtigste Verständigungsmittel, noch vor der ersten Fremdsprache und lange bevor die weltweit erste SMS verschickt wurde. Er fehlt mir, das Tanzen.

Mein Körper steckt voller euphorischer Erinnerungen: The Cure hat meine Wirbelsäule in eine Schlange verwandelt, zu den B-52's bin ich wie eine Sprungfeder übers Parkett geschnellt, mit Nirvana habe ich bis zur Kopfschmerzgrenze meine Mähne geschüttelt, für Jamiroquai habe ich mir die Hüften ausgekugelt, *I was a cosmic girl* and *I smelled like teen spririt*. Noch kurz vor der Jahrtausendwende bin ich der Hamburger Schule verfallen und war ein wenig in die Jungs von Tocotronic und Die Sterne verknallt.

Und dann… kam lange nichts. Das Nächste, woran ich mich erinnere, ist ein Auftritt der Kinderband Radau und kleine Fans, die neben mit mitgrölten: „Ist das wahr, wahr oder gelogen…?" Zum Verständnis für alle Kinderlosen: Radau besteht aus vier Männern meines Alters und macht Rock für Kinder – ein widersinniger Anspruch, denn Rockmusik ist heutigen Kindern so nah wie ein Walkman. Als wäre das nicht schlimm genug, „spiegeln die Texte zur Musik die

Lebenswirklichkeit von Kindern." Ich hoffe und bete, dass meine beiden am Ende ihrer Kindheit ein wenig mehr erlebt haben als einen Feuerwehrwagen, einen Hydranten, viele verschiedene Verkehrsschilder oder den Bus, der zum Schwimmbad fährt … puh. Radau ist für die Kindermusik das Gleiche wie die Conny-Bücher („Conny lernt Fahrrad fahren", „Conny geht zur Schule") für die Kinderliteratur. Die Reihe lässt sich bestimmt bis ins nächste Jahrtausend fortschreiben, mit Titeln wie: „Conny zieht eine Jacke an", „Conny isst ihr veganes Müsli" oder „Conny popelt in der Nase". Vor Langeweile.

Beides, Radau und Conny, ist möglichst reizarm, damit das Kind sich ruhig verhält und nicht nur auf keine dummen, sondern auf gar keine Ideen kommt. Nie wieder. Eine hirnphysiologische Zwangsjacke sozusagen. Bei Erwachsenen kann die Musik ein *Bore-out* auslösen – bis hin zum Tinnitus. Ich kann es nicht beweisen, aber ich würde darauf wetten, dass über den verschiedenen Conny-Büchern dreimal mehr Erwachsene eingeschlafen sind als Kinder. Aber ich schweife ab.

Mein musikalisches Ego jedenfalls war zum Zeitpunkt des Konzerts so am Boden, dass ich mich selbst dabei ertappte, wie ich zu „Wahr oder gelogen" von Radau hin und her schaukelte und meine Lippen bewegte.

Kurzum: Es musste etwas passieren. Bevor ich irgendwann genauso unfreiwillig in einem Konzert der „Killerpilze" landen würde – wie eine Kollegin, deren Kinder schon ein paar Jahre weiter waren, aber noch nicht alt genug, um alleine loszuziehen. Immerhin konnte sie von unverhofften Flirterlebnissen berichten, denn naturgemäß waren viele gleich alte Väter im Saal, die sich, genau wie sie selbst, nach erwachsener Ansprache sehnten.

Warum nicht? Es gibt schlimmere Antworten auf die Frage „Wo habt ihr euch denn kennengelernt?" als „Bei den Killerpilzen!". Aber uns allen wäre es bedeutend lieber, wenn wir an die Bräuche unserer verlängerten Adoleszenz anschließen und irgendwo tanzen gehen könnten, um jemanden zu treffen. Ohne unsere Würde beim Türsteher abgeben zu müssen: „Äh … meine Tochter hat mich angerufen, ich soll sie abholen …"

Denn mit Ende der Kleinkindbetreuungsphase erwacht der Körper des Middelagers langsam aus dem Elternkoma, schüttelt sich und fährt auch jene Synapsen hoch, die mit der Motorik zu tun haben. Noch sind die Erinnerungen nicht vollständig reaktivierbar. Manchmal antworten die Gliedmaßen selbstständig auf einen guten Song und die Knie zucken ein wenig, bevor die Rückmeldung das Hirn erreicht: Ein Teil von mir bewegt sich zu Musik! Auf der Piste haben wir nach zehn, fünfzehn oder zwanzig Jahren zwar längst den Anschluss verloren, aber weil es anderen auch so geht, werden Mittelalte plötzlich wieder zu Partys eingeladen. Ohne Kinder! Mit Alkohol! Nach 21 Uhr! Yeah! Um nichts allzu Peinliches abzuliefern, bin ich ab 40 dazu übergegangen, erste zaghafte Bewegungen im eigenen Wohnzimmer auszuprobieren. Zur Musik eines neuen Jahrtausends. Die ich immer, trotz Babyalarm und Kinderstress, anhand der Charts verfolgt habe und die mich begeistert. Wer bei den besten Songs von Maroon 5, Ofenbach oder MIA nicht das dringende Bedürfnis verspürt, alle Moleküle tanzen zu lassen, ist so gut wie hirntot. Wen bei „No Roots" von Alice Merton nicht sofort der Lebenshunger packt, der hatte keine Jugend. Und wer bei „Sweet Creature" von Harry Styles kein Herzziehen verspürt, der sollte mal nach dem eigenen Puls tasten. Ein paar der großen Bands haben meine Mamamorphose sogar überstanden und selbst Familien gegründet, ohne dabei Energie einzubüßen. Ich werde den Red Hot Chilli Peppers oder Coldplay ein Leben lang dafür dankbar sein, dass sie mir inzwischen mehr als 20 Jahre zur Seite stehen.

Sie haben meine Sehnsucht am Leben erhalten und meine Hoffnung gestärkt, dass da draußen noch etwas auf mich wartet. Dass musikalische Empathie nicht nur vom Alter abhängt, sondern von Dingen wie Sinnlichkeit und Unabhängigkeit. Um die Popveteraninnen von En Vogue zu zitieren: *„Free your mind and the rest will follow!"*

In diesem Sinne habe ich darauf vertraut, dass meine Gliedmaßen folgen würden, habe im Streaming-Portal auch Charts geklickt und meinen Bewegungen freien Lauf gelassen. Einzige Zeugin: meine Tochter, die so behutsam wie möglich Feedback gab. „Das ist schlimmer, als ich dachte… viel schlimmer…", „Hast du heimlich einen Bauchtanzkurs gemacht…?" oder: „Was machst du immer mit den Armen da unten? Sieht aus, als hättest du deine Kontaktlinsen verloren." Beim anschließenden Coaching-Gespräch hat meine Tochter mir ein Video von Carolin Kebekus gezeigt, die ihre Mutter in der Disko parodiert, Zitat: „Also, nach Spaß sieht das nicht aus. Eher so, als müsste das gemacht werden – ich tanz das jetzt mal wech hier." So was passiert, wenn Frauen nach der ersten Babypause, also nach circa zwölf Jahren, beim Familienfest von ihren Verwandten auf die Tanzfläche geschubst werden und davon ausgehen, dass ihrem Körper schon was einfallen wird. Ein tragischer Anblick. Das durfte mir auf keinen Fall passieren.

Der menschliche Körper ist mit 75 Kilometern Nervenbahnen komplett verkabelt, das sollte eigentlich reichen, um ihn mit guter Musik unter Strom zu setzen und die Bässe gleichzeitig in alle Glieder zu schicken. Wenn die Anlage jedoch länger nicht in Gebrauch war, endet so manche Leitung in einer Sackgasse. Wie meine Tochter diagnostizierte, waren bei mir einige Nahtstellen zwischen Hirn und Muskeln lahmgelegt und aus ihrer Sicht konnte da nur Zumba helfen.

Zumba ist so etwas wie das Aerobic der Millenials. Nur anstrengender. Es gibt keinen durchgehenden Beat, sondern Dutzende verschiedene Rhythmen aus Salsa, Merengue, Mambo, Flamenco, Cha-Cha-Cha, Tango, Soca und Hip-Hop. Jedes Lied hat seine eigene Choreografie, es gibt keine ausgezählten Takte, man folgt dem Fluss der Musik. Soll heißen: Irgendwie ist alles ganz anders als bei Aerobic und schwer zu erklären, wenn man es nicht selbst probiert. Nach den ersten Stunden Zumba habe ich jedenfalls den Verdacht, dass es in meinem Körper irgendwann einmal viele kleine Rücken-, Taillen-, Schenkelmuskeln gab, die bei einem Move, der gleichzeitig vorwärts, seitwärts und mit ausgestrecktem Po getanzt werden soll, angepasst werden müssten. Aber sie sind entweder verschwunden oder sie verstecken sich. In einem nicht klimatisierten Saal mit circa 60 Frauen (und einem Mann!) sowie Außentemperaturen von fast 30 Grad war aber nicht einmal das mein vorrangiges Problem – sondern der Schweiß. Ich spreche nicht von einer feuchten Stirn oder Flecken unter den Armen, sondern von zentimeterdicken Strömen, die aus weit geöffneten Poren von der oberen Haargrenze in einem kleinen Wasserfall direkt in die Augen schießen. Ich konnte schlichtweg nichts mehr sehen, schon gar nicht die Zumbatrainerin sechs Reihen vor mir. Trotz meiner geschlossenen Schuhe habe ich auf dem Boden Schweiß-Fußabdrücke hinterlassen, auf denen meine Mitstreiterinnen ausrutschten. Am Ende gab es zwar kein Schulterklopfen – ich war einfach viel zu flüssig, als dass jemand es riskiert hätte, mich zu berühren –, aber viel Zuspruch. In der Art, wie man hoffnungslose Kandidaten bei einer Castingshow lobt, die sofort wieder rausfliegen: „Ich finde es voll mutig, dass du hier mitmachst!", oder „Hauptsache, es macht dir Spaß und du bewegst dich, oder? Ist doch egal, wie es aussieht!"

Im Laufe der nächsten Wochen haben sich ein paar Muskeln und Hirnwindungen zurückgemeldet, ich war in der Lage, mein Becken kreisen zu lassen, ohne gleichzeitig den Kopf schütteln zu müssen. Ich konnte also den nächsten Schritt wagen, und wie sich herausstellte, war ich nicht allein mit meiner Sehnsucht. Es hatten sich ein paar gleichgesinnte Mittelalte (ab Abijahrgang 85 aufwärts) gefunden, die eine Location, einen weißhaarigen DJ und eine Mailingliste organisieren konnten.

Wir sollten endlich einen Ort für unsere Tanzwut bekommen. Und wenn wir auch bei den Singlebörsen als Ladenhüter gelten – hier wurde uns der rote Teppich ausgerollt: ein privat organisierter Tanzclub in einem szenigen Vereinsheim. Nicht besonders glamourös, aber wer wie ich in einem selbst verwalteten Jugendzentrum groß geworden ist, fühlt sich in dem Schmuddel sofort wohl. Und als Erstes fällt mir auf, dass auch die Männer meines Alters es offenbar ernst meinten mit ihrer unerfüllten Sehnsucht nach durchrockten Nächten. Das Geschlechterverhältnis auf der vollen Tanzfläche bewegte sich sogar bei 60:40 zu ihren Gunsten. Was nicht bedeutet, dass hier Männer und Frauen miteinander oder irgendwie flirtend tanzen. So weit ist man an diesem Abend offensichtlich noch nicht – das hat der Middelager mit seinem rund 30 Jahre jüngeren Ich gemein.

Vielleicht ist das Wissen um die eindeutigen Blicke, Signale und Bewegungen nach den Jahren unter Windelhaufen und Plüschtieren verschüttet und noch nicht wieder freigelegt. Auf jeden Fall wird beim Tanzen konsequent auf den Boden geschaut – statt mal abzuchecken, mit wem man denn die Tanzfläche teilt. Auch so eine seltsame Marotte der späten Achtziger und frühen Neunziger: Jeder tanzt ganz in sich selbst versunken, Ellenbogen an Ellenbogen. Der DJ lässt die letzten 30 Jahre Musikgeschichte leider außen vor. Bei Ankunft konnte ich noch halbwegs angeregt zu Michael Jackson wippen, aber danach ging es abrupt rückwärts durch die Chartjahre. Bei „Smoke on the water" stellte ich meine warme Weißweinschorle zurück auf den Tresen, bei „… fire in the sky" war ich schon vor der Tür. Es ist halb eins nachts und die Ersten gehen brav nach Hause, paarweise. In derselben Konstellation, in der sie gekommen sind.

Was ist schiefgegangen? Mein Instinkt sagt mir: Alte Musik = alte Gefühle = vertraute Bindungen. Diese Theorie lässt sich sogar wissenschaftlich stützen. Ich zitiere aus einer Studie zur „musikalischen Geschmacksbildung und Generationszugehörigkeit" des Soziologen Karl-Heinz Reuband:

„Geht man davon aus, dass die maßgebliche Soziali-

sation (einschließlich die des Musikgeschmacks) in der Kindheits- und Jugendphase erfolgt und die erworbene Orientierung im Verlauf des weiteren Lebens relativ stabil bleibt, müssten sich in den musikalischen Vorlieben Generationsunterschiede widerspiegeln, die durch die in der eigenen Jugendphase typischen und dominanten Musikstile geprägt sind. Selbst wenn sich ein Teil der älteren Generationen nachträglich an die Musikstile der jüngeren Generation gewöhnen sollte, eine derart enge emotionale Affinität wie in der Generation, die mit dem neuen Stil aufwuchs, dürfte sich kaum einstellen."

Ich versuche es einmal zu übersetzen: In der Jugend erleben wir unsere Gefühle und unsere Sinne in einer Intensität und Totalität, die uns als Teenies im wörtlichen Sinn den Verstand raubt. Wenn dabei zufällig ein bestimmter Song lief, dann haben sich der Sound und die Lyrics für immer in unser Bewusstsein gebrannt. So weit, so klar.

Aber es gibt im Laufe einer rund sechs Jahre währenden Pubertät ja auch andere Momente ... Um anschaulich zu machen, warum ich überhaupt kein Verständnis habe für Menschen, die alle Musikstile und neuen Beats, die nach ihrer Jugend erfunden wurden, rundheraus ablehnen:

1. Ich habe auch nach dem Abitur (und fortlaufend bis heute) einzigartige Augenblicke, große Lieben und diverse herzzerreißende Momente durchlebt. Auch diese Zeiten sind in der Erinnerung natürlich an die Songs gekoppelt, die gerade liefen. Dagegen kann man sich doch gar nicht wehren. Oder?

2. Mein Bedürfnis, Stücke zu hören, die gerade in den Charts waren, als ich die üblichen Niederlagen eines Teenagerlebens einstecken musste, geht gegen null. Ich möchte auf keinen Fall daran erinnert werden, wie mein Teenagerschwarm mit einer anderen geknutscht hat. Oder wie ich mich im Morgengrauen in eine leere Chipstüte übergeben musste.

Aus diesen Gründen mache ich um die Oldie-Radiosender meistens einen Bogen. Trotzdem gibt es Momente, in denen ich mich schützend vor das Radio werfe, wenn meine Kinder die Suchfunktion drücken wollen, obwohl gerade zufällig „Enjoy The Silence" von Depeche Mode läuft und ich meine Gänsehaut genieße. Man muss sich ja nicht selbst verleugnen.

Quellen

Dolly Alderton, Gespenster, Auszug aus: Dolly Alderton, Gespenster
© 2020 Hoffmann und Campe Verlag, Hamburg, übersetzt aus dem
Englischen von Eva Bonné, S. 7-16, Originally published by Fig Tree,
an imprint of Penguin Random House UK in 2020

Markus Barth, Ich geb dir mal die Lotti, aus: Marcus Gärtner (Hrsg.),
Die schlimme Zeit zwischen Aufstehen und Hinlegen
© 2013, Rowohlt Verlag GmbH, Hamburg

Ilse Gräfin von Bredow, Auf der Suche,
aus: Ilse Gräfin von Bredow, Das Hörgerät im Azaleentopf
© 2009, S. Fischer Verlag GmbH, Frankfurt am Main

Horst Evers, Was anders ist, Auszug aus: Horst Evers, www.horst-evers.de
© beim Autor

Axel Hacke, Hundert werden ohne Reue, Auszug aus: Axel Hacke, Auf
mich hört ja keiner © Verlag Antje Kunstmann GmbH, München 2000

Carolin M. Hafen, Werd' endlich erwachsen!
Auszug aus: Carolin M. Hafen, Werd' endlich erwachsen
© 2015 get shorties Lesebühne & maringo Verlag, S. 26-30

Wladimir Kaminer, Der Tag danach © beim Autor

India Knight, Willkommen im Club
© 2014 Wilhelm Goldmann Verlag, München, in der Penguin Random
House Verlagsgruppe GmbH, Übersetzung: Karin Duftner

Maxim Leo, Im Strudel der Jahrzehnte, aus: Dorothee Hackenberg,
Robert Skuppin (Hrsg.), Moment mal! Was die Zeit mit uns macht.
© 2017, Rowohlt · Berlin Verlag GmbH, Berlin